成功者が残した引き寄せの言葉

Words of Attraction
by the Greatest People in the World

夢を叶えた偉人64名の生き方、考え方、引き寄せ方

PIE International

はじめに

「ある人のことを考えていたら、偶然、本人から連絡があった」
「誰かに親切にしたら、そのあと幸運がつづいた」

そんな経験はありませんか？

「いいもの」でも「悪いもの」でも、
「自分が意識しているもの」が人生に引き寄せられる。

それが、「引き寄せの法則」です。

あなたが思ったことや、口にした言葉は、
やがて似たようなこと、似た考えの人を引き寄せ、
思ったことや言葉通りの結果が人生に訪れます。

「そんなこと本当にあるの？」
そう思う人も多くいるでしょう。

しかし、たとえば夢を叶えた偉人の人生をたどってみると、
ある共通する行動が見えてきます。
それは、自分の人生に起きてほしいことを明確に思い描き、
実際に行動し、成功を手に入れていること。

彼らは、人生が「引き寄せの法則」で成り立っていることを、
直感的に理解していたのかもしれません。

本書では、そんな偉人たちが残した「引き寄せの言葉」を集めました。
「引き寄せの法則」に沿った成功パターンを４つに分け、
それぞれ偉人の名言と人生をご紹介します。

もし、あなたが「いつかは成功したい」
「いまの状況を変えたい」と思っているのなら、
夢を叶えた偉人たちの言葉に、
耳を傾けてみてはいかがでしょうか。

目次

明確なイメージは
実現する 6

ウォルト・ディズニー 8
エイブラハム・リンカーン 10
ガンディー 12
ココ・シャネル 14
レイ・チャールズ 16
ネルソン・マンデラ................ 18
吉田松陰................ 20
ヘンリー・フォード 22
ナポレオン・ボナパルト 24
サルバドール・ダリ 26
スティーブ・ジョブズ 28
手塚治虫................ 30
アルベルト・アインシュタイン 32
ヘンリー・デイヴィッド・ソロー 34
安藤百福................ 36
アガサ・クリスティー 38
チャールズ・チャップリン 40

あなたは
あなたがつくる 42

ヘルマン・ヘッセ 44
アルフレッド・アドラー 46
ルネ・デカルト 48
マドンナ 50
ジェームズ・アレン 52
野口英世 54
フローレンス・ナイティンゲール 56
ウィリアム・サマセット・モーム 58
オードリー・ヘップバーン 60
フランシス・ベーコン 62
渋沢栄一 64
ウィンストン・チャーチル 66
スティーブン・ホーキング 68
高橋是清 70
サム・ウォルトン 72
ビル・ゲイツ 74

思考を行動化せよ 76

- ウィリアム・シェイクスピア 78
- ウォーレン・バフェット 80
- マーガレット・サッチャー 82
- レオナルド・ダ・ヴィンチ 84
- アラン（エミール・オーギュスト・シャルティエ）86
- ルイ・パスツール 88
- ジェフ・ベゾス 90
- 坂本龍馬 92
- ジャン・ポール・サルトル 94
- 孫武 96
- ジョン・ロックフェラー 98
- パブロ・ピカソ 100
- アンドリュー・カーネギー 102
- ダンテ・アリギエーリ 104

あきらめない夢は叶う 106

- J・W・V・ゲーテ 108
- トーマス・エジソン 110
- 本田宗一郎 112
- 鳥井信治郎 114
- ハワード・シュルツ 116
- マーティン・ルーサー・キング・ジュニア 118
- 松下幸之助 120
- ピーター・ドラッカー 122
- マザー・テレサ 124
- フリードリヒ・ヴィルヘルム・ニーチェ 126
- 広岡浅子 128
- ヘレン・ケラー 130
- 二宮尊徳 132
- 上杉鷹山 134
- ルートヴィヒ・ヴァン・ベートーヴェン 136
- マリー・キュリー 138
- サン・テグジュペリ 140

明確なイメージは
実現する

行きたい場所がなければ
旅に出られないように、
人生も、まずは目的地（夢）を
決めなければいけません。

明確な夢を持てば、見える景色が変わります。
夢につながるもの、こと、人が、
世の中にあふれていることに気づき、
それらを引き寄せるチャンスが増えるのです。

なにより「決めた！」という行為そのものが、
ポジティブなエネルギーを引き寄せます。

もし「まだ明確な夢がない」という人は、
行きたい方角をイメージしてみましょう。
方向性さえ間違わなければ、
あとからいつでも修正できます。

夢見ることができるならば、あなたはそれを実現できる。

ウォルト・ディズニー

1901-1966
アメリカのアニメーター、ウォルト・ディズニー社創業者

19歳でアニメーション映画を初制作

　幼いころからマンガや絵が大好きで、絵画教室にも通っていたディズニー。マンガ家になろうとカンザスシティにやってきた彼は、アニメ制作会社に入ったことで、アニメーションの魅力を知ります。やがて個人事務所を設立し、19歳で初のアニメ作品をつくりましたが、事業は失敗し、倒産してしまいます。

手を動かし、夢を叶えつづける

　「ものごとをスタートさせる方法は、口ではなく手を動かすことだ」と考えていたディズニーに、落ち込んでいる暇はありません。兄のロイとともに新しい会社を立ち上げ、『ふしぎの国のアリス』の続編や、『オズワルド・ザ・ラッキー・ラビット』などを制作。そして1928年、20代でミッキーマウスを誕生させました。それからも『白雪姫』『ピノキオ』などのヒット作を生み出し、1955年には、カリフォルニアにディズニーランドをオープン。その後も、新たなテーマパークづくりに情熱を燃やしたディズニーは、1966年に亡くなるまで、常に新しい夢を思い描き、実現しようと手を動かしつづけたのです。

夢を語るのは、恥ずかしいことかもしれません。
でも、心の中で夢を描くのは、自分1人でできること。
子どものころに感じた将来への期待やドキドキ感を、
自分の夢に対して持ちつづけることさえできれば、
それは実現するはずです。

もし君が本当に
「やろう」と決めたのなら、
もう成功したのと同じだよ。

エイブラハム・リンカーン

1809-1865
アメリカの第16代大統領

貧しい人の弁護も引き受けた弁護士時代

　奴隷解放の父・リンカーンは、貧しい農家に生まれたため、幼いころから働いていました。当時、仕事で訪れた奴隷市場で黒人の親子が売られているのを見て、ショックを受けたと言われています。やがてリンカーンは議員となり、さらに弁護士の資格を取得します。貧しい人の弁護も率先して受けた彼は、「正直者のエイブ」と呼ばれるほど信頼を集めました。

南北戦争に勝利し、奴隷制度を撤廃

　1860年に共和党から大統領選に出馬した彼は、見事当選。奴隷制度をつづけようとするアメリカ南部連合と戦うことを決意します。これが1861年に始まった南北戦争です。彼は一時、劣勢に追い込まれながらも、命令に従わない名ばかりの将軍の代わりに、実戦で結果を残した若手将校を次々と抜擢。1863年1月には奴隷解放宣言を出し、その年の11月に有名な「人民の、人民による、人民のための政治を、地上から消してはいけない」という演説を行います。こうして1865年、北部軍の勝利によって南北戦争は終結。国家分裂の危機を逃れたアメリカの憲法に、奴隷制度の廃止が記されたのです。

無理矢理スケジュールに入れてみると、

意外とできてしまうことがあります。

「やらなくていい理由」をあれこれ探すより、

「やる」とまわりに宣言して自分を奮い立たせた方が、

あとから振り返ると、後悔しないかもしれません。

あなたの夢は何か。
あなたの目的は何か。
それさえしっかり持っているならば、
必ずや道は開かれるであろう。

ガンディー

1869-1948
インドの政治家

南アフリカで人種差別と闘う

「インド建国の父」として知られるガンディーは、インドの裕福な家庭に生まれました。彼は18歳でロンドンに留学し、弁護士の資格をとったあと、仕事で南アフリカへと渡ります。そこで人種差別を目の当たりにしたガンディーは、差別と戦い、南アフリカでのインド人の権利を回復します。

インドで独立運動を指導

その後、彼はイギリスの植民地だったインドへ戻り、不当に統治をつづけるイギリスに反対して独立運動をスタート。途中で逮捕され、投獄されても、ガンディーは諦めません。イギリスに塩の製造を禁止させられた際は、塩を求めて350km以上の道を仲間とともに24日間歩きつづけます。最初は100人足らずだった行列はいつしか、数千人の大行進となりました。「必ずインドは独立する」というガンディーの確固たる信念が、多くの人々を巻き込み、やがて1947年のインド建国へとつながったのです。

本当に叶えたい夢を持つこと。
しかも、ぼんやりとした夢ではなく、
具体的な数字や事実を目標に設定して、
1度書き出してみてはどうでしょう。
たどり着きたいゴールが見えれば、
途中にある問題も乗り越えることができるはずです。

「大物になろう」と思うのではなく、
「こんな人になりたい」と決めると、
心配事はほとんどなくなるわ。

ココ・シャネル

1883-1971
フランスのファッションデザイナー、シャネル創業者

お針子から歌手に、そして帽子店を開業

　幼い頃に母を失ったシャネル。孤児院を出て、お針子の仕事をしながらキャバレーで歌を歌い出した彼女は、すぐに店の人気者となります。やがてシャネルは、歌手を目指した時期に出会った男性の協力で、1909年に帽子店を開きます。飾りの多い帽子がほとんどだった当時、シャネルのシンプルなデザインの帽子はすぐに注目を集めました。

20世紀を代表するデザイナーに

　さらに彼女は展開を広げ、寝る間も惜しんで働きます。そして世界的大ヒットとなった香水「N°5」や、女性にとって身軽で動きやすいファッションの提案など、次々と革新的な商品を打ち出したのです。その活躍は、シャネルの伝記を手がけた作家から「19世紀的なものを葬り去った」として、「殺しの天使」と呼ばれるほど。一時期ファッション界から遠ざかったものの、1954年に再び復帰。1971年に亡くなるまで仕事に没頭し、いまでは20世紀を代表するデザイナーの1人として知られるようになったのです。

やりたいことが見つからないとき、
目指していることがうまくいかないときは、
気分転換に「なりたい自分」を
具体的にイメージするといいかもしれません。
目指すべきゴール（理想像）がはっきり見えれば、
自然とモチベーションも上がりはじめます。

頭の中で、
レコードスターになった
自分を見たんだ！

レイ・チャールズ

1930-2004
アメリカの歌手・ピアニスト

7歳で視力を失うが音楽に没頭

「視力はなくても、知力はあるのよ」。7歳で視力を失ったチャールズは、母が言ったこの一言を生涯忘れませんでした。この言葉を心に刻んで、大好きな音楽に没頭する少年時代を過ごしたのです。

19歳でスターの道に

15歳で学校を辞めたチャールズは、ミュージシャンとして活動をスタート。仕事を得るために年齢を偽ったり、別のピアニストが演奏した曲のコードや流れを覚えるため、すべてを点字に起こすこともありました。ときにはオーディションで「逆立ちしてもうまく歌えっこない」と言われることもありましたが、彼は決して夢を諦めませんでした。自分がスターになる姿を、頭の中ではっきりイメージできていたからです。その後、7人のミュージシャンを雇って再スタートしたチャールズ。19歳でデビュー曲がR&Bチャート2位にランクインすると、以後「I Got a Woman」「Hallelujah, I Love Her So」などが次々とヒット。デビュー前のイメージ通り、大観客の前で演奏する大スターとなったのです。

「ものすごい努力家」と言われる人は、
それを嫌々やったり、つらそうにしているでしょうか。
頭の中で具体的に自分の目標を描けていれば、
まわりから見たら「つらいこと」でも苦になりません。
むしろ、努力が「気持ちいいこと」にすらなるのです。

自分の運命の脚本を自分で書き、
自分で主役を演じてください。

ネルソン・マンデラ

1918-2013
南アフリカ共和国の政治家

アパルトヘイト反対に立ち上がる

マンデラは、南アフリカ共和国の黒人部族の首長の家に生まれました。当時、国は白人が支配しており、人種差別は日々エスカレート。1948年には、さらに厳しい差別政策であるアパルトヘイトが強化されてしまいます。差別に反対する団体のリーダーとなったマンデラでしたが、彼は暴動を起こそうとする黒人たちをなだめます。暴力は根本的な解決につながらないからです。

27年の監獄生活を経て、大統領へ

一方、この差別政策を世界中から批判された南アフリカ政府は、騒ぎをしずめようとマンデラを刑務所に閉じ込めてしまいます。しかし彼は、そんな状況でも前向きでした。囚人を集めて勉強を教えつづけると、次第に白人の看守にもマンデラを支持する者が増えていきます。ようやく刑務所から解放されたとき、マンデラは71歳。監獄生活は実に27年となっていました。しかし、恨み言を口にすることなく、差別撤廃の法律をつくりはじめます。マンデラはそれらの功績によって、囚人から一転、1993年にノーベル平和賞を受賞。翌年には大統領に選ばれたのです。

脚本を書く＝自分の未来をイメージすること。
主役を演じる＝イメージを行動に移しつづけること。
あなたが「なりたい自分」になりきれば、
そこに必要な物、人、状況は時間とともに整い、
物語は勝手に前へと動き出すのです。

志を立てることから、すべてははじまる。
（志を立てて以て万事の源と為す）

吉田松陰

1830-1859
思想家・教育者

11歳で藩主に講義する天才少年

松陰は長州藩の貧しい下級武士の次男として生まれ、6歳にして養子先である吉田家の家督を継ぎ兵学師範となります。11歳のころ、藩主や重臣たちの前で目を見張るほどの立派な講義をし、「天才」としてその名を知られるようになりました。

松下村塾で幕末の志士を育成

松陰は「志士とは高い理想をもち、どんな境遇に陥っても節操を決して変えない人」と定義し、自身も「徳のある人になること」を目標にします。そして「自分を正しくして、天下を正しくしよう。そのために懸命に生きて、何の功績もなく死んだとしても、私は悔いることはない」と『講孟余話』に記しました。この本は、密航を企てた罪で投獄されていたとき、囚人たちに説いた講義の内容をまとめたものです。出獄後は「松下村塾」の主となり、その信念を多くの若者に伝えた松陰。彼の志は高杉晋作や久坂玄瑞たちに引き継がれ、やがて明治維新へとつながっていくのです。

やることが特にない日、ぼんやりしていたら、
1日が終わってしまったことはないでしょうか。
忙しい日、仕事やまわりの人に振りまわされていたら、
1日が終わってしまったことはないでしょうか。
明確な夢がない人ほど、そんな日が多くなります。
夢があなたの1日を充実させ、未来をつくるのです。

「できる」と思えばできる。
「できない」と思えばできない。
どちらにしても、
その人が思ったことは正しい。

ヘンリー・フォード

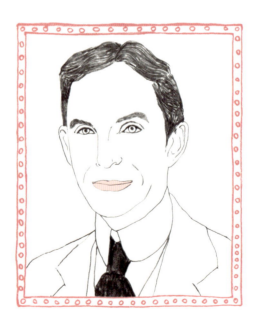

1863-1947
アメリカの実業家、フォード・モーター社の創設者

子どものころから機械いじりに没頭

　自動車王・フォードは、7歳のころから無類の機械好きでした。時計を分解したり、ヤカンで蒸気機関をつくろうとして爆発させたり……いつしか彼は、畑の近くに小屋を建て、そこを作業場として機械いじりに没頭するようになります。

自動車の大量生産方式を発見

　16歳で家を出て、車両工場の見習いとなったフォードは、28歳のとき、エジソンの電気会社で働きはじめます。その後、1903年にフォード・モーター社を設立。大量生産方式を導入し、1908年に発表したT型フォードは、約20年間で1500万台近くを生産する大ヒット商品となったのです。彼はその大量生産方式を、食肉工場で牛の解体を見学したときにヒントを得たとも言われています。あっという間に解体される牛を見て、「逆にバラバラのものを1つにするのも、効率よくできるのでは」と考えたそうです。フォードは、著書にもこう記しています。「『それはできません』と言われることを『やってみよう』というのが、私たちのモットーなのだ」。

あなたの夢を叶えるのに、一番の敵はなんでしょう。

邪魔をしてくる人？生まれ持った短所？

それとも、生まれ育った環境？

どれも違います。「無理だ」と思うあなた自身です。

私はひとたび決心すれば、
その決心を
成功させることしか
考えない。

ナポレオン・ボナパルト

1769-1821
フランスの軍人・政治家

孤独な少年時代を経て、士官学校へ

　地中海の島、フランス領コルシカ島の地主の家に生まれたナポレオン。9歳でフランス本土に渡りましたが、中学校ではコルシカなまりのフランス語をからかわれ、孤独な少年時代を過ごします。それから15歳でパリ士官学校に入り、卒業後、砲兵少尉となります。

徹底的に戦略を練り、ヨーロッパを手中に

　やがてフランス革命では、革命軍に参加し、王党派の反乱を鎮圧。さらにイタリア遠征などで活躍し、クーデターによって独裁政権を倒します。そして1804年、ついに皇帝に即位したのです。その後も周囲の国々を次々と破り、1810年にはヨーロッパのほとんどを手中に収めます。天才的な軍事センスを持っていたナポレオンですが、「軍事計画を立てる時の私以上に、小胆（度胸がないこと）な人間はないだろう」という言葉も残しています。常にあらゆる状況を想定し、徹底的に戦略を練っていたのです。歴史に名を刻む「戦術の天才」は、「緻密さの天才」でもあったのでしょう。

だれもが「楽に成功を手に入れたい」と思うもの。
しかし、本当に「成功したい」と思っている人は、
すべての思考が成功に向かい、全身を成功に捧げます。
途中でやめてしまうのは、能力や運がないのではなく、
思いが足りないだけなのです。

私は天才になることにした。

サルバドール・ダリ

1904-1989
スペインの画家

勉強より、絵と空想

「20世紀美術界、最大の奇才」とも言われるダリは、スペインの小さな村で生まれます。学校の成績はよくないものの、絵が好きで、自分でアトリエをつくって空想の時間を楽しむ少年でした。

破天荒な行動で、「天才」を体現

ダリは17歳のとき、マドリードの有名な美術学校「サン・フェルナンド王立美術アカデミー」に入学します。しかし、反抗的な学生だったため、のちに退学させられてしまいます。24歳でパリに移ると、シュルレアリスムのグループに参加（このグループものちに除名されてしまいます）。目の錯覚を用いた彼の絵画は、「夢の写真を手で描いた」と評価されます。また、みずから「天才」と称し、パリの凱旋門に象に乗って登場するなど、その挑発的で破天荒なキャラクターも話題となりました。ダリの言葉にこんなものがあります。「毎朝目を覚ますたび、私は至福の喜びを味わう。そう、サルバドール・ダリであるという喜びだ」。果たして、自分が自分であることをここまで意識する人が、どのくらいいるでしょう？　彼の人生すべてが、「天才」ダリがつくる作品だったのかもしれません。

「なりたい」ではなく、「なる」という決意を、
人に伝えたり、紙に何度も書いてみましょう。
繰り返すうちに、自信はあとからついてくるもの。
ポジティブな思い込みは、行動を前向きにし、
夢を叶えるためのエネルギーを引き寄せます。

他人の意見ではなく
自分の中の声に耳を澄ませなさい。
そして、最も大切なのは自分の心と
直感に従う勇気を持つことです。

スティーブ・ジョブズ

1955-2011
アメリカの実業家、アップル創業者

夢は宇宙にへこみをつくること

　ジョブズは、パソコン・マッキントッシュ（Mac）開発の際、「宇宙にへこみをつくりたい」と語りました。それは「宇宙に少しでもいいから影響を与えたい」という、彼の夢でもありました。

自分を奮い立たせてヒット商品を連発

　1970年代のコンピュータはかなり大きく、主に会社や研究所などで使われていました。ジョブズはそれを、一般の人に使ってもらおうと考えます。そして、自宅のガレージで仲間とともに個人向けコンピュータ「アップルⅠ」を制作。ユーザーのニーズを見抜く力にも長けていたジョブズは、マニア好みの機能をたくさん付け、それが人気となります。1977年には「アップルⅡ」を発売。その人気に目をつけたIBMなどの企業が、個人向けコンピュータ業界に参入しはじめます。しかしジョブズは動揺するどころか、「ようこそIBM。心から歓迎します」という新聞広告を出し、自分たちを奮い立たせます。その後、iMacやiPhoneなど爆発的ヒット商品を連発。彼はまわりの雑音を気にせず、自身の夢を追いつづけることで、人々の暮らしを一変させたのです。

あなたが今日まで積み重ねた経験や思いが
瞬間的にあふれたもの、それが「直感」です。
つまり、「直感」を信じてすぐに行動することは、
いままでの人生を未来に活かすということ。
逆に「直感」を「勘違いだ」と否定することは、
いままでの人生を否定することにもなるのです。

想像の力こそ、
人類ゆえの最高に輝かしい
エネルギーなのです。

手塚治虫

1928-1989
漫画家・アニメーター・映画監督

原稿枚数15万枚を描いた「マンガの神様」

マンガの神様・手塚が生涯につくったマンガは約700作品、アニメは約60作品、原稿枚数は15万枚と言われ、最盛期は13本の連載を抱えていました。

尽きることなく湧き出るアイデア

幼い手塚に、マンガや絵本を読み聞かせたのが彼の母です。登場人物によって声色を変え、想像力をかきたてる彼女の読み方は、手塚をマンガの世界にどんどん引き込みました。ある日、小学校の授業中にマンガを描いていた手塚は、先生に叱られてしまいます。しかし、呼び出された母は手塚が描いたそのマンガを読み終え、こう言いました。「治ちゃん、このマンガはとてもおもしろい。お母さんはあなたのマンガの、世界で第一号のファンになりました。これからお母さんのために、おもしろいマンガをたくさん描いてくださいね」。そんな母の愛情と、豊かな自然の中で育まれた手塚の想像力は、大人になって「アイデアは、バーゲンセールするほどある」と言わしめてしまうほど、尽きることがなかったのです。

「想像力」は、クリエーターだけが持つものではありません。
相手の気持ちを深く考え、連想し、
お互いの幸せを生むアイデアこそが「想像力」。
つまり、相手への愛が「想像力」であり、
あなたとまわりの「幸せを引き寄せる力」なのです。

想像力は知識より大切だ。
知識には限界があるが、
想像力は世界を包み込む。

アルベルト・アインシュタイン

1879-1955
ドイツの理論物理学者

おとなしかった少年時代

「20世紀最高の天才物理学者」とも言われるアインシュタイン。両親が心配するほど口数の少ない少年でしたが、やがて物理や数学を好きになり、「光」について興味を持ちはじめます。

突然ひらめいた「特殊相対性理論」

「光を光の速さで追ったらどうなるのだろう」……そんな疑問を持ち、毎日のように悩む日々。スイスの特許局で働き出しても、アインシュタインは空いた時間で光についてあらゆる可能性を想像し、答えを探しつづけます。するとある朝、「光の速さは一定で、空間、時間が変化する」というアイデアが突然ひらめいたのです。彼はこの発想をもとに、1905年に「特殊相対性理論」、1916年に「一般相対性理論」を発表。宇宙開発に大きな影響を与え、1921年にはノーベル物理学賞を受賞することとなりました。

どんな悩みも問題も、
「だんだん解決する」ことなどありません。
答えというものは、
粘り強く想像力を働かせつづけた人だけに届く、
天からのプレゼント。
それを受け取った瞬間、問題は「一気に解決する」のです。

夢の方向に自信を持って進み、
想像した人生を生きようと努めれば、
普段考えてもいないほどの
成功が手に入る。

ヘンリー・デイヴィッド・ソロー

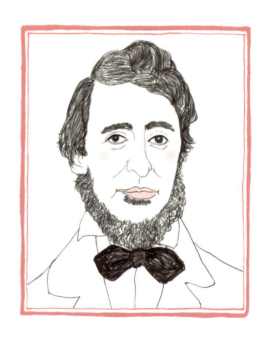

1817-1862
アメリカの作家・思想家・詩人

大学卒業後、定職に就かず思索する日々

　ソローはハーバード大学を卒業後、鉛筆製造や測量の仕事を経験するも、定職につくことはありませんでした。その代わりに、人間と自然との関係を思索し、それを書き留める日々を送ったのです。

ガンディーにも影響を与えた『森の生活』

　ソローが1849年に自費出版した著書『コンコード川とメリマック川の一週間』は、まったく話題になりませんでした。しかし、ソローは書くことを止めません。5年後の1854年、『ウォールデン 森の生活』では、ウォールデン池のほとりで過ごした2年ほどの生活を書きます。自然を描くだけでなく、人間のあるべき姿や社会のあり方を考察したこの本は、1940年代ごろには、アメリカノンフィクション文学の最高傑作の1つに数えられるほどの評価を得たのです。ほかにもソローの考え方は、ガンディーのインド独立運動や、キング牧師の市民権運動などにも影響を与えたと言われています。

人は1日に6万回、思考をしているとも言われています。
つまり、いままでの思考の積み重ねが、いまのあなた。
いま何を考えるか、1時間後に何を思うかで、
明日、1年後のあなたがどんどん決まっていきます。

企業には「夢」がなくてはならない。
夢が現実のものになるとき、
飛躍的に成長する。

安藤百福

1910-2007
日清食品の創業者

祖父母のもと、商売の楽しさ学ぶ

幼いころに両親を亡くした安藤は、呉服店を営む祖父母のもと、台湾で幼少時代を過ごします。大きな声が毎日飛び交う店の中で、彼は商売の楽しさに触れながら育ったのです。

睡眠時間を削って、即席めん開発に没頭

戦後の闇市で幸せそうにラーメンを食べている人々の姿を見た安藤は、いつかラーメンをつくろうと決意。食に平和を求めます。そして自宅の裏庭に小屋を建て、即席めんの研究に没頭したのです。睡眠時間は1日平均4時間。それを丸1年つづけた時期もありました。その後、48歳で世界初のインスタントラーメン「チキンラーメン」を発売。お湯を注いで2分で食べられる「チキンラーメン」は、「魔法のラーメン」と呼ばれ、大人気となりました。それからも彼は、60代で世界初のカップラーメン「カップヌードル」を発売し、90代で宇宙食ラーメン「スペース・ラム」の開発をスタート。闇市での決意から約半世紀後、宇宙飛行士が食べるラーメンの開発に成功したのです。

ビルを建てる前に設計図を描く人がいるように、
いま世の中にあるものはすべて、
だれかの頭の中で生まれたもの。
あなたが頭の中で描いた夢が世の中で実現することは、
実は当然のことなのです。

まわりの出来事すべてを
作品のヒントにできる。

アガサ・クリスティー

1890-1976
イギリスの推理作家

学校に行かず、想像力を育む

『オリエント急行の殺人』『そして誰もいなくなった』など、数々のヒット作を持ち、「推理小説の女王」として知られるアガサ。彼女は両親の方針で、少女時代を学校に行かずに過ごしました。普段は読書をしたり、庭で遊んだり……ときには飼っていた鳥や犬、自分を登場人物にしたストーリーで空想にふける日々を過ごします。

すべての経験を物語に投影

15歳で初めて学校に入学したアガサは、卒業後にはエジプトで社交界を経験し、交友関係を広げます。また、第一次世界大戦がはじまった際は、看護師として働きます。薬局の店主から薬剤の勉強を学び、毒薬の知識を得て、のちに書く推理小説に活かしていたそうです。考古学者である2人目の夫に付き添い、毎年中東へ発掘旅行に出かけた時期もありました。ほかにもゴルフ、テニス、乗馬、水泳などのスポーツが趣味だったアガサ。当時まだ新しかった飛行機、自動車、列車も大好きでした。彼女は、一見作家の仕事とは関係ないものを、小説のヒントにするプロだったのです。

作家は、自分の大失敗でも、
「作品のネタになった」と語ることがあります。
人生も、あなたのとらえ方次第。
目の前で起こることすべてが、考え方次第で
単なる失敗にも、夢を叶えるきっかけにもなるのです。

アイデアというものは、
一心に求めていれば、
必ずくるということを発見した。

チャールズ・チャップリン

1889-1977
イギリスの映画俳優・映画監督

家計を支えるために、5歳から舞台に立つ

　チャップリンは、非常に貧しい家庭に育ちました。両親は舞台芸人でしたが、父が1歳のころに出て行ってしまったため、彼は5歳から家計を支えるために舞台に立ちました。

ユーモアで世界を魅了し「喜劇王」に

　10歳で入団した劇団ではタップダンサーとして注目を集め、それからいくつかの劇団を渡り歩いたチャップリン。この時期に「酔っ払い」の演技などで人気コメディアンの道を歩みはじめます。やがて映画デビューを果たし、監督としても実力を発揮。数秒のシーンですら何回も撮り直し、無駄だと思ったシーンは大胆にカットするその姿勢は、「業界一の完璧主義者」と呼ばれたそうです。しかし、いつもアイデアが浮かぶわけではなく、「頭の仲がひもでしっかり縛り上げられたような気持ちになる」と言うほど、苦しむこともありました。その解決法を、彼はこう言っています。「たくさんの中から1つずつ振るい落としていくことが、望むものを見つけ出す近道なのだ」。ユーモアで世界を魅了した「喜劇王」チャップリンは、作品づくりを通して「生まれ持った才能」ではなく、「できると信じつづける力」が大切であることを教えてくれているのです。

毎日歩いている道でも、手紙を出そうと思って歩くと、「こんなところにポストがあったんだ」と気づくことがあります。意識しながら歩くことで、初めて目に入ってきたのです。それと同じで、「できる」と考えたときに見える景色は、「無理」と考えたときに見える景色とまったく違います。

あなたは
あなたがつくる

「まわりのせいでうまくいかない」
「なんで自分だけ……」
そう思った経験は、だれにも一度はあるはず。

しかし、まわりをすぐに変えることはできません。
いま変えられるのは、ほかでもない自分自身です。

たとえどんなに悪いことが起きても、
次の瞬間の行動は、あなたが自分で決めています。

失敗や不運をなげくか、教訓として次にいかすか。
すべてはあなたの考え方次第。

「自分の未来は自分で決める」と決意した瞬間、
人生は大きく動き出します。

世界を変えるのは、
自分を変えることから。

ヘルマン・ヘッセ

1877-1962
ドイツの作家

15歳で学校を脱走し自殺未遂

　ヘッセは牧師の家庭に生まれ、14歳で神学校に入れられました。しかし、「詩人になりたい」と15歳で脱走し、自殺未遂事件を起こします。その後は機械工見習や、書店員などの仕事を転々としました。

『車輪の下』などでノーベル文学賞を受賞

　1904年、ヘッセは長編小説『郷愁』でその名が世に広まります。その後も次々と作品を発表しますが、第一次世界大戦や家庭の不幸の影響から、精神を病むことに。このころから彼は、西洋文明に失望し、東洋的思想に考え方を転換。それが作品にも反映されます。ナチス時代にはその政策を批判し、出版が禁止されたこともありました。代表作の1つ『車輪の下』は、理解のない大人や、厳格な学校教育の中で、傷つき挫折する少年の心を描いたもの。他人から生き方を押し付けられることを嫌い、自分らしい生き方を模索する少年のモデルは彼自身でした。それらの作品が評価されたヘッセは1946年、ノーベル文学賞を受賞。常に自分と向き合い、変化をとげながら、世界的な評価を得ることができたのです。

「まわりが悪いと考えるとき」はたいてい、
「まわりに変わってほしいと思っているとき」であり、
「自分は変わらなくていいと思っているとき」です。
少し冷静になってから、「まわり」と「自分」、
どちらが変えやすいかを考えてみるのもいいでしょう。

人間は自分の人生を描く画家である。
あなたをつくったのは、あなた。
これからの人生を決めるのも、
あなただ。

アルフレッド・アドラー

1870-1937
オーストリアの精神科医・心理学者

死にかけた経験から医者に

アドラーは幼いころに弟を亡くし、自身も肺炎で死にかけた経験から、医者を目指して勉強に励みます。しかし、フロイトと出会ったことで精神分析の道に入り、フロイト、ユングと並ぶ「心理学の三大巨頭」の1人となります。

世界を変えるため、人生の目的と向き合う

アドラーが唱えた個人心理学は、「行動だけ、感情だけ、認知だけを分析するのではなく、人間1人を総合して研究すべき」というものでした。過去に行動の原因を求めるフロイトに対し、「未来の目的を見つめ直せば、行動は変えられる」としたのです。その後、第一次世界大戦で軍医となり、悲惨な戦場を目の当たりにしたアドラーは、「『人はみんな仲間である』と考えると幸せになれる」という思想にたどり着きます。彼が医学を学ぼうとしたのも、人類を救う最善の手段と考えたからであり、世界を変えたかったから。アドラーは、早期に人生の目的を見つけ出し、その信念と向き合い、自分を進化させることで世界的に有名な心理学者となったのです。

アドラーはこうも考えていました。
「人間の悩みは、すべて人間関係の悩みである」。
その解決方法はただ1つ、「自分が変わること」。
まわりを無理に変えようとすれば、幸せは逃げていきます。

我思う、ゆえに我あり。

ルネ・デカルト

1596-1650
フランスの哲学者・数学者

大学で医学と法学を学び、軍隊へ

「近代哲学の父」と呼ばれるデカルトは、1歳で母を亡くし、祖母に育てられました。学校の成績はよく、大学では医学と法学を学び、卒業後は軍隊に入ります。

世界全体を客観的に疑うことで得た真理

その後、ヨーロッパを旅したデカルトは、著書『哲学原理』の中でこう記しています。「一生に一度は、すべてを疑ってみよう」。彼はそれを突き詰め、「そもそも自分は本当にいるのだろうか」という疑問を持ち、「そう疑っている自分はいるのだから、やはり自分はいるのだ」という考えにたどり着きました。そして、「我思う、ゆえに我あり」という言葉を著書『方法序説』に残します。自分自身を含む世界全体を客観的に疑うことで、デカルトは後世にも残る人類の1つの答えを導き出したのです。

無意識にスマートフォンやパソコンに向き合っていると、
何時間も無駄にしてしまうことがあります。
それより、休憩時間や寝る前の5分間、
ぜひ自分と向き合ってみてください。
あなたが豊かに生きるために必要なものは、
画面の中ではなく、あなたの中から引き出すものです。

自分を破壊するのも、
創造するのも自分自身。

マドンナ

1958-
アメリカの歌手・女優・実業家

子どものころから独り立ちを夢見る

ミシガン州の小さな町で、熱心なカトリック信者の両親のもとに生まれたマドンナ。5歳のときに母が亡くなり、9歳のときに父が再婚。彼女は「一刻も早く家を出たい」と願うようになります。

徹底した自己演出で世界的スターに

大学に入るも1年で中退したマドンナは、20歳で単身ニューヨークへと渡ります。持っていたのは、わずか35ドルと「ダンサーとして有名になる」という思いだけ。しかし、「ダンスだけでは難しい」と気づいた彼女は、ドラムを練習し、ドラマー兼歌手として活動をスタート。徐々に自分で曲を書くようになり、歌手への道を歩みます。1982年にはレコード会社と契約し、1984年、「Like a Virgin」が大ヒット。その後もヒット曲を連発します。一気に人気歌手となった彼女は、過激なパフォーマンス、ファッション、発言など、自己演出の名手でもありました。映画出演、ワールドツアーなど、いまなお活躍しつづけるマドンナ。「有名になる」という若いころの強烈な思いが、世界的大スターの道へとつながったのです。

マドンナはニューヨークに到着した当日、
タイムズスクエアの前に立ち、
「私はこの世界で神よりも有名になる」と誓ったそうです。
まわりが「とても無理だ」と思うような目標も、
あなた自身が信じつづけさえすれば、
その夢は現実に近づくはずです。

あなたの環境は、
あなたの心を映す
万華鏡です。

ジェームズ・アレン

1864-1912
イギリスの作家

父を失い、学校を中退

アレンの家は、小さな事業を営んでいました。しかし、彼が15歳のときに事業が破綻。その後、アメリカに渡った父は、強盗に襲われて死んでしまいます。そのせいで、アレンは学校を辞めることになってしまったのです。

夢を頂き続け、ベストセラー作家に

大人になったアレンは、経営コンサルタントなどの職業を経験してから、38歳で作家として生きることを決断。それから亡くなるまでの9年間で19冊の本を執筆します。ベストセラーとなった2冊目の著書『AS A MAN THINKETH』で彼は、こう書いています。「いまのあなたの環境は、あなたにとって好ましいものではないかもしれません。でも、もしあなたが理想を抱き、それに向かって歩きはじめたならば、いまのそんな状況は決して長くはつづきません」「あなたは、あなたが夢見た人間になるでしょう」。少年時代のつらい経験にも腐らず、作家として活動を続けたアレンは、自身の人生で経験した哲学をこの本に記したのです。

もしあなたが、いまの環境に満足していなければ、
おそらくまわりの人もあなたに満足していません。
ウソをつけば、ウソをつかれるし、
感謝を言葉にすれば、感謝されて暮らすことができる。
つまり相手の態度は、日ごろのあなたの態度なのです。

「どん底だ」と泣き言を言って
絶望しているのは、成功を妨げ、
そのうえ、心の平安を乱すばかりだ。

野口英世

1876-1928
細菌学者

左手を治療してくれた医師に感動

英世は1歳のとき、いろりに落ちて左手に大やけどを負ってしまいました。その影響で農作業ができないため、勉強に打ち込むことを決意します。のちに教師や仲間の援助で手術を受け、指を動かせるようになったことに感激した彼は、医師を目指すようになります。

寝る間を惜しんで成果を上げる

手術を担当した渡部先生に弟子入りした英世。「ナポレオンは1日に3時間しか眠らなかった」が口ぐせの彼は、寝る間も惜しんで勉強をつづけます。そして、「受かるのに前期は3年、後期は7年かかる」と言われていた医師の前後期国家試験に、どちらも1度で合格。20歳で医師免許を取得したのです。それからの英世は、梅毒の原因となる梅毒スピロヘータを発見したり、エクアドルで黄熱病の病原体をつきとめるなど、次々と成果を上げます。彼は研究していた黄熱病にかかって51歳で亡くなるまで、ノーベル賞候補に3回も挙がるほど、世界的に評価される医学者となったのです。

「なんで自分だけ……」と不満を感じたとき、
似たような不満を思い出して心を乱したり、
似たような不幸がつづいたことはないでしょうか。
人の思いは連鎖し、その思いに似た事実を引き寄せます。
つまり、いまの自分を「恵まれている」と思えば、
その思いと同じことが目の前に現れるのです。

自分のやりたいことをやらないで、
他人から言われるままに生きた人で、
優れたことを成し遂げた人は
誰もいないのです。

フローレンス・ナイティンゲール

1820-1910
イギリスの近代看護の創始者

施設訪問をきっかけに、看護の道へ

　ナイティンゲールは、イギリスの裕福な地主の家に生まれました。幼いころに貧しい人々を助ける慈善施設を訪れ、ショックを受けた彼女は、自分にできることを考え、看護の道を志すようになります。

世界初の看護学校を誕生させる

　看護師になることに両親は反対しましたが、ナイティンゲールの決心は揺るぎません。看護を勉強するためにドイツへ行く際、彼女はこう書き記したそうです。「『諦め』という言葉は私の辞書にはない」。その宣言通り、勉強を終えてからロンドンの病院で病院長にまで上りつめます。1854年にはじまったクリミア戦争では、みずから看護団をつくって戦地へ向かい、軍の医師に見下されながらも、懸命に傷ついた兵士たちを看護。いつしか彼女は「クリミアの天使」と呼ばれ、イギリスの英雄となっていました。その結果、ビクトリア女王と会うことができ、その席でナイティンゲールは陸軍の粗末な食事や衛生面の改革を提案。3年後には兵士の死亡率が半分に減少したそうです。1860年には、長年の夢だったナイティンゲール看護学校を開校。世界初の看護学校を誕生させました。

もし、「あの人のせいでできない」、

「こうだったらできたのに」という不満があるのなら、

それは人生をまわりにコントロールされているサインかも。

まわりが変わることを待つのではなく、

少しだけ自分を変える勇気さえ持つことができれば、

自然と未来は変わっていくはずです。

人生とはおもしろいものだ。
最良のもの以外、
受け取るのを拒否すれば、
最良のものばかり受け取るようになる。

ウィリアム・サマセット・モーム

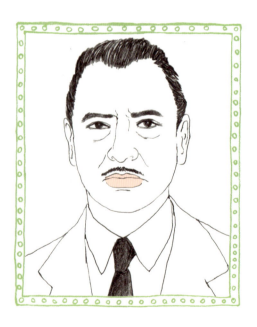

1874-1965
イギリスの小説家・劇作家

人間関係に悩んで作家を目指す

パリで4人兄弟の末っ子として生まれたモーム。8歳で母を、10歳で父を失った彼は孤児となり、叔父のいるイギリスへ渡ります。しかし、英語がしゃべれずいじめられたり、叔父との関係がうまくいかないなど、人間関係に悩んだこともあったからか、人と接する機会の少ない作家を目指すようになります。

アメリカで評価され、一躍有名に

叔父から作家になることを反対されていたモームは、医学校を卒業し、医師の資格も持っていました。しかし彼は信念を曲げず、作家になることを決断。次々と作品を発表しますが、ヒット作に恵まれません。やがて1914年に第一次世界大戦がはじまると、野戦病院で働いてから諜報活動を開始。その時期に制作した戯曲『おえら方』が、アメリカで大人気となります。さらに1919年、ゴーギャンの生涯をもとにした『月と6ペンス』はアメリカでベストセラーとなり、過去の作品も評価されはじめます。こうして彼は世界的に有名な作家となり、世界中を船でまわる優雅な生活を送ったのです。

あなたは毎日、自分の未来を選んで生きています。
たとえ人の意見に従ったとしても、
それはあなたが「従うことを選んだ」ということ。
どんな人生を、どんな1日を、どんな時間を送るかを、
いつも自分自身で100％選んで決めているのです。

きっぱりと
決断する人だけが
成功するのです。

オードリー・ヘップバーン

1929-1993
イギリスの女優

第二次世界大戦時に受けたトラウマ

　ベルギーで生まれたイギリス人のオードリー。彼女がまだ幼いころ、第二次世界大戦がはじまります。戦争に巻き込まれることを恐れ、母や兄とともにオランダに逃げたオードリーでしたが、移住した町をドイツが占領。ドイツ軍が反抗する人々を次々と射殺する光景は、オードリーの目に強く焼きつきました。

大女優として活躍後、慈善活動に尽力

　ドイツ軍に町が占領されてから、オードリーは抵抗運動への参加を決断します。当時まだ十代前半で、バレエのレッスンを受けていた彼女は、バレエ公演に出演して運動の資金集めに協力したのです。開催場所は仲間の家。ドアにかぎをかけ、ドイツ兵が来ないか見張りながら行われ、終演後、拍手は一切ない中でまわされる帽子に支援金が入れられました。それはオードリーが体調を崩す戦争末期までつづけられます。一度決めたら貫き通す。そんな少女時代の勇気や正義感は、アメリカのハリウッドで女優として大成功を収めた後年、ユニセフ特別親善大使に任命されたときの活動にもつながります。彼女は内戦中のエチオピアやソマリアを訪れ、その悲惨さを世界にアピール。発展途上国の人々のために、63歳で亡くなるまでの年月を捧げたのです。

まわりに流されて失敗すれば、残るのは後悔だけ。
自分で決断すれば、失敗も反省につながります。
つまり、決断の数だけ、人は成長できるのです。

人の運命の鋳型は
本人の手の中にある。

フランシス・ベーコン

1561-1626
イギリスの哲学者・神学者

40歳を過ぎるまで鳴かず飛ばず

　ベーコンは、イギリスの官僚貴族の家に生まれました。何不自由のない家庭で育った彼は、23歳の若さで下院議員となります。しかし、下院議員となってからは思うような役職につけず、苦しい生活をつづけていたベーコン。彼の運命が開けたのは、40歳を過ぎてからでした。

「知は力なり」と近代化に尽くす

　エリザベス一世が亡くなり、ジェームズ一世が即位すると、顧問官となり、やがて法務長官、大法官などに任ぜられます。また、さまざまな自然現象は「神の怒りで起こる」と信じられていたこの時代に、ベーコンは「先入観を取り除き、真実を見ること」「経験や実験を重ねて、法則を導き出すこと」の大切さを説きました。彼の有名な格言は、「知は力なり」。ベーコンは「だれかの偏見や思い込みではなく、みずからが見て学んだことこそが己の力になる」と考えたのでしょう。

「百聞は一見にしかず」ということわざがあります。
これには「まわりの言葉だけに耳を傾けていると、
自分を見失ってしまう」という教えもありそうです。
あなたが見て、感じたことを踏まえて自由に決断するのは、
当然の権利であり、責任でもあるのかもしれません。

素直に望めば、
運命は拓ける。

渋沢栄一

1840-1931
官僚・実業家

最後の将軍、慶喜に仕える

江戸時代末期、埼玉県の農家に生まれた渋沢。幼いころに父や従兄弟から学問を学んだ彼はやがて、最後の将軍となる一橋（徳川）慶喜に仕えることとなります。

91歳まで日本の発展を願って活躍

1867年、渋沢は慶喜の弟のパリ万博訪問に同行します。1年半ほどの滞在中に彼は、万博での任務をこなしながら、先進国の社会や経済を熱心に学びました。そして明治維新後の日本に戻ると、事業をはじめたい人々に必要な知識を丁寧に教えます。ときには開業資金の一部を投資し、その会社の経営が順調に進むと、持ち株を売って次の会社の支援にまわしたそうです。それは、なぜか。彼の望みはただ1つ、国の近代化、日本の発展だったからでしょう。こうして渋沢は91歳で亡くなるまで、帝国ホテルや東京電力など、500近い企業の設立経営にかかわり、「日本資本主義の父」と呼ばれるようになったのです。

私たちは、望んだものしか手に入れられません。
逆に言うと、望みつづければ必ず手に入るのです。
そのことを渋沢はこう表現しています。
「世の中のことはすべて、
心の持ちよう1つでどうにでもなる」。

私は楽観主義者だ。
それ以外の資質は、
あまり役に立たないようだ。

ウィンストン・チャーチル

1874-1965
イギリスの政治家、第二次大戦下の首相

名門貴族に生まれるも、劣等生

　イギリスの名門貴族に生まれたチャーチルは、勉強をしない劣等生でした。彼は士官学校の試験を3度も受けてやっと合格。軍人として戦地を経験してから、政治家の道に進みます。

国民を鼓舞し、ヒトラーに勝利

　チャーチルは1899年に初めて立候補してから、1955年の引退にいたるまで、何度も落選しながらも下院議員を務めました。「イギリス政治史上最も落選回数の多い議員」と言われるほど、敗れても立ち上がる政治家人生だったのです。彼は第二次世界大戦中の1940年、首相にまでのぼりつめます。そして「我々は断じてくじけない。最後まで断固として戦い抜く。敵の上陸地点で、野で、街頭で、丘で我々は戦うのだ。断じて降伏しないであろう」と演説し、国民を鼓舞。「負けるはずがない」という気持ちを前面に打ち出し、ヒトラー率いるドイツ軍に立ち向かい、勝利したのです。

運やチャンスは、無理やり引き寄せるものです。
起きてしまった不運なことは無視して、半ば強引にでも
「これでよかった」「自分はできる」と思うこと。
それが運を味方につけるたった1つの方法だと、
偉人たちはみずからの経験で分かっていたのです。

恵まれた人生だった。
できないことは悔やまない。
私はだいたい何でも、
やりたいようにやってきた。

スティーブン・ホーキング

1942-
イギリスの物理学者

21歳で難病を発症

ホーキング博士は21歳のころ、発症率が10万人に1〜2人ほどと言われる「筋萎縮性側索硬化症（ALS）」を発症します。全身の筋肉が萎縮して筋力が低下し、身体が自由に動かせなくなる難病です。

70歳を超えてもなお、宇宙の謎を解き続ける

一般的には難病と言われる筋萎縮性側索硬化症。しかしホーキング博士は、70代になったいまも健在です。ケンブリッジ大学では何十年にも渡って教授を務め、1988年には著書『ホーキング、宇宙を語る』を発表。全世界でベストセラーとなりました。2012年にはパラリンピックの開会式に参加し、大会を盛り上げています。彼は、コンピュータによって合成された音声を使って会話し、身体を自由に動かすことはできません。病気が発症した当時は、「ひどく不公平に思った」そうですが、のちのインタビューでは「人は、人生が公平ではないことを悟れるくらいに成長しなくてはならない」と語っています。その前向きな思いと強い覚悟こそが、現代宇宙理論に大きな影響を与える研究成果へとつながったのです。

人の心の状態は、マイナスかプラスか、

2つに1つのどちらかです。

±0の状態などありません。

つまり人生はシンプルで、マイナスに考えれば後退し、

プラスに考えれば前に進みます。

子供の頃から自分は幸せ者だ、
運のいい者だと深く思い込んでいた。
その思いが私を根っからの
楽天家にした。

高橋是清

1854-1936
官僚・政治家

アメリカで奴隷として売られる

　幕末の絵師・川村庄右衛門の子として生まれた是清。彼は2歳のとき、仙台藩の下級藩士・高橋是忠の家に養子に出されます。その後、横浜の英語塾に通いはじめ、14歳のときに藩の命令でアメリカへと渡ります。すると、ホームステイ先によって奴隷として売られてしまったのです。やっとのことで帰国すると、明治維新を経て仙台藩はなくなっていました。仕方なく大学教官の手伝いなどで働くも、酒や遊びが好きだったこともあり、仕事を失ってしまいます。

日本銀行総裁、大蔵大臣、そして総理大臣へ

　それから知り合いの紹介で官僚になるも、先輩の依頼でペルーの銀山経営者になるために辞職。しかし大失敗に終わり、またつてを頼り、日本銀行に就職しました。そこで、日露戦争に必要な戦費を調達するため、イギリス系銀行から現在の金額で4兆円を超える資金の借り入れに成功したのです。やがて1911年に日本銀行総裁、1913年に大蔵大臣、1921年には総理大臣に就任した是清。丸い顔と立派なひげから、「ダルマ宰相」とも呼ばれた彼のサクセスストーリーは、失敗しても起き上がる根っからの明るさが引き寄せたのかもしれません。

水と油を混ぜて入れても分離するように、
違う者同士は離れ、似た者同士は集まります。
あなたがポジティブなエネルギーを発していれば、
ポジティブなエネルギーを持った人やものが集まり、
結果的にポジティブな現象を引き起こすのです。

うまくいかないときは、
社員と一緒に
歌を歌うことも必要だ。

サム・ウォルトン

1918-1992
アメリカの実業家、ウォルマート創業者

子どもの頃から商売の楽しさに目覚める

　ウォルトンは、家計を助けるために7歳から雑誌を売って働き出しました。その後、中学から大学卒業まで新聞配達をつづけ、ウサギや牛を育てて売り、お金を稼ぐ大変さや楽しさを知ったそうです。

「長所を見る」姿勢で、世界最大チェーンを育成

　27歳になったウォルトンは、お金を借りてアーカンソー州で小売業をスタート。ライバル店の価格のつけ方や売れている商品、陳列方法などを取り入れ、4年後には州内で1番の人気店となります。さらに44歳のころ、ウォルマート1号店をオープンすると、次第に店舗数を広げ、やがて世界最大級の小売会社となったのです。ウォルトンは、ライバル店の長所から学ぶのはもちろん、社員の長所にもいつも目を向けていました。「責めること」ではなく、「褒めること」を常に探していたのです。他人の失敗には目をつぶり、成功を褒めること。それが相手のやる気につながり、ひいては自分や組織の利益にもつながることを、彼は知っていたのでしょう。

だれかを責めそうになったら、まずは深呼吸をしましょう。
批判は一時的な発散でしかなく、
あとに残るのは後味の悪さと後悔だけ。
失敗しても、前向きな気持ちさえ失わなければ、
楽しいことはあちらから近づいてきます。

一度は人に笑われるような
アイデアでなければ、
独創的な発想をしている
とは言えない。

ビル・ゲイツ

1955-
アメリカの実業家・慈善家、マイクロソフト創業者

巨大企業を一代で立ち上げる

「すべてのデスクと家庭にコンピュータを」という言葉を掲げ、19歳で友人とともにマイクロソフトを創業したビル。彼はWindows（OS）やOffice（アプリケーション）など、だれもが使いやすい商品を提供しつづけ、マイクロソフトを一代で世界最大級のコンピュータ・ソフトウェア会社に成長させます。

山ごもりで、革新的なアイデアを練る

ビルは年に数回、「シンク・ウィーク（考える週）」を設けます。山荘にこもり、人と一切会わずに自分１人の時間を過ごすのです。情報の波から逃れ、だれにも振りまわされない環境で、朝から晩まで本と資料だけと向き合う１週間。ここから数々の偉大なアイデアが生まれ、世界中にパソコンを普及させることに成功したと言われています。世界長者番付で１位となるほどの成功を手に入れた現在は、医療や教育に関する慈善活動を行うビル。彼は「シンク・ウィーク」など、普通では考えられない思考法でユニークなアイデアを生み出し、いまも新たな夢を追いつづけているのです。

生まれたての赤ちゃんは、どんな言語も覚えられます。
しかし、何度も同じ言語を聞いているうちに、脳の中でほかの言語の可能性が閉じていってしまうのです。
それと同じように、「いつもの考え方」にしがみついては、環境が変わったときに対応ができません。
「古い自分」を更新する時間を持ち、独創力を育みましょう。

思考を
行動化せよ

「引き寄せの法則」は、「思えば叶う」という
非現実的なものではありません。

「思い」「願い」を行動に移すことが大切です。

「〇〇したいと思っている」
「いつか〇〇になりたい」
と「思う人」はたくさんいます。

しかし、それを実現しようと
具体的に「動く人」はほとんどいないのでは？

「やりたい」と「やる」の間にある
大きな壁を乗り越えた人だけが、
夢を叶えるチャンスを手にするのです。

天は自ら行動しない者に、救いの手を差し伸べない。

ウィリアム・シェイクスピア

1564-1616
イギリスの劇作家

18歳で結婚、20歳で失踪

18歳で結婚したシェイクスピアは、20歳のころ、家族を置いて姿を消してしまいます。それからしばらく記録はなく、シェイクスピアの「失われた年月」と言われます。次に現れるのは29歳。ロンドンで詩人として詩集を出版したときでした。

劇団俳優をしながら、脚本執筆

シェイクスピアは、劇団の俳優をしながら脚本を手がけるようになります。作品はすぐに有名となり、『ロミオとジュリエット』などが大ヒット。彼の劇団は国王の援助を受けることが決まり、劇団として最高の環境を手に入れるのです。また、このころに書いた『ハムレット』『マクベス』『オセロー』『リア王』は、「4大悲劇」と言われる大傑作となります。「この五体が庭だとすれば、その庭師は自分自身だ」。これは『オセロー』の登場人物の言葉ですが、自分で運命を切り拓こうとする人物は『リア王』『リチャード三世』など数々の作品に登場します。それは、彼が作品に自身の姿を投影していたからなのかもしれません。

多くの偉人が「失敗が成功につながる」と言います。
それは、「失敗するといい」ということではなく、
「失敗を恐れず、動き出しなさい」と言っているのです。
その言葉を信じて動くかどうかは、あなた次第です。

人は習慣で行動する。
だからこそ、
正しい思考とふるまいを、
早いうちに習慣化させるべきだ。

ウォーレン・バフェット

1930-
アメリカの投資家

11歳で株式を購入するなど、経験から学ぶ

　バフェットは子供のころから、ビジネスの基礎を自然と身につけていました。コーラを安く手に入れ、少し高く売ったり、貯めたお小遣いを使って11歳で株式を購入したり、13歳で初めて所得税を申告したり……自分の経験から学び、成功するために何が必要なのかを体に染み込ませていったのです。

庶民的な暮らしを続けながら大富豪に

　大人になり、会社をつくったバフェットは、「優良安定銘柄は長期保有する」「事業の内容を自分が理解できない会社には投資しない」といった、幼いころの経験をもとにした信念を行動に移します。その結果、「投資の神様」と呼ばれるほどの成功を手に入れ、世界長者番付で3位になるほどの資産家となったのです。現在も、GoogleやFacebook創業者から師と仰がれ、Microsoft創業者であるビル・ゲイツとは親友として付き合いがつづいています。しかし、その生活は昔と大きく変わりません。60年近く前に買った家に住みつづけ、「摂取カロリーの1/4はコカ・コーラ」と冗談を言うほど、庶民的なものを口にして暮らしています。

いつもの店や友だちが落ち着くように、
人は「いつもの考え」「いつもの行動」を好みます。
もしそこに「悪い習慣」があると気づいたら、
それを無理に直そうとせず、「いい習慣」を増やすと、
自然と「悪い習慣」をやめられるかもしれません。

考えは言葉となり、言葉は行動となり、
行動は習慣となり、習慣は人格となり、
人格は運命となる。

マーガレット・サッチャー

1925-2013
イギリス初の女性首相

化学技師、弁護士、そして政治家へ

サッチャーは、食料品店の娘として生まれました。オックスフォード大学を卒業後、化学技師として働きはじめ、結婚してからは弁護士の資格を取得。やがて政治の世界へと飛び込みます。

イギリス初の女性首相として辣腕を発揮

1959年に下院議員となったサッチャーは、給食改革などを担当。1979年にイギリス初の女性首相となります。「成功には素質も必要でしょう。でも、それだけでは十分でないことを自覚し、目的を持って努力しなければ、成功できません」。こんな言葉も残している彼女は、その後も次々と考えを行動に移します。1982年のフォークランド紛争では、すぐさま部隊を派遣してアルゼンチン軍を撃退。経済面では赤字の国営企業を民営化し、立て直しを図ります。アメリカと連携し、ソ連などには厳しい態度を貫く徹底したスタンスは、「鉄の女」とも呼ばれたほど。87歳で彼女が亡くなった際、旧ソ連の共和党書記長だったゴルバチョフは、このような声明を出したそうです。「サッチャーは、その言葉が大きな重みを帯びていた政治家だった」。

「これが自分の運命だったんだ」と、
投げ出すのはかんたんです。
しかし、どんなに悪い状況でも、
丁寧に自分の「考え」をコントロールし、
気持ちのいい言葉を発していれば、必ず好転します。
あなたの運命は、あなたの考え方から生まれるのです。

人生の目的にかなう
行動をせよ。

レオナルド・ダ・ヴィンチ

1452-1519
イタリアの芸術家

飛び抜けた絵の才能に、師匠も脱帽

　イタリアの小さな村で生まれたダ・ヴィンチは、15歳ごろから絵を学びはじめます。その才能に驚いた師匠のヴェロッキオは、絵を描くのを止めてしまったそうです。

膨大な知識を駆使し、あらゆる分野で活躍

　ルネサンス期において、いろいろなことができる人物は「万能の人」と呼ばれ、人々の尊敬を集めていました。その代表とも言えるのが、ダ・ヴィンチです。彼は絵画以外にも、彫刻や建築、音楽、工学、科学、数学、医学など、さまざまな分野の学問を習得しています。人間の絵を正確に描くためには、人体の構造を知る必要があると考え、30体以上もの解剖を行ったこともあるそうです。想像を超える知識を蓄え、数々の機械を発明し、力学や天文学などの研究を行った万能の天才。その知識のすべてが、彼の絵画をいっそう輝かせたことは、言うまでもありません。

「怪我から学んだ」と言うスポーツ選手がいます。
正しく目標に向かうことができている人は、
「こんなこと意味がない」「運が悪い」と思っても、
切り替えて、その状況から学べることを探します。
「目標」が決まれば、「必要なこと」が決まり、
困難にもつぶされない信念を持つことができるのです。

幸福になろうと求めなければ、
幸福になることは不可能だ。
だから自ら幸福を求めて、
それをつくらなければならない。

アラン（エミール・オーギュスト・シャルティエ）

1868-1951
フランスの哲学者

哲学教師として尊敬を集める

ペンネーム「アラン」の名で知られるエミール・オーギュスト・シャルティエは、読書家であった父親の影響を受けて育ちました。彼は18歳のころ、哲学に目覚め、哲学の教師になります。生涯教師を貫き通したアランの授業は、黒板や鉛筆など、目についたものを例に話をはじめ、やがてプラトンやデカルトなどの理論につながるユニークなもので、多くの生徒から尊敬されていたそうです。

記者として、哲学者として筆を走らせる日々

教師のかたわら、執筆活動をしていたアランは、地方新聞に「語録（プロポ）」という短い記事を書きはじめます。テーマは世界、人間、政治、宗教などあらゆるもの。最初は週に1回だったプロポは人気となり、毎日掲載されるようになりました。その後、第一次世界大戦がはじまると、兵役義務がないにもかかわらず、46歳のアランは重砲隊の一員として戦地に向かいます。それは、「人はなぜ戦争をするのか」「戦争をなくすことはできるのか」などを知るためでした。戦争中も筆を止めず書きつづけたアランはまさに、自分にとってのやりがいや幸せを、貪欲に追う哲学者だったのです。

人は、「磁石」にたとえられることがあります。
「類は友を呼ぶ」ということわざもあるように、
似た者、似た考え、似た現象を引き寄せるのです。
つまり、つらそうな顔をすれば、つらいことがつづき、
いつも笑っている人には、楽しいことが訪れます。

チャンスは
準備のできていない者を
助けない。

ルイ・パスツール

1822-1895
フランスの化学者・細菌学者

微生物に関する新事実を証明

化学者であったパスツールは、アルコールが腐敗する問題に取り組んでいた際、酵母や乳酸菌と発酵の関係を発見。微生物や細菌に興味を持ちはじめます。やがて、当時信じられていた「微生物は空気のない環境でも自然発生する」という考えが間違っていることを実験で証明します。

狂犬病患者の治療で、人の命を守る

パスツールは、「重大な科学的事象の実証は、あらゆる方向から考え、実験の結果を疑い、そして時には何年も耐え忍び、やっと発表ができるのだ」と考えていました。微生物の研究も、最初は医学者から敵視されていましたが、少しずつその考えは浸透していきます。さらに彼は、微生物から引き起こされる病気の研究にも没頭。狂犬病の成果発表でも激しい攻撃を受けましたが、あらゆる実験を行い、徹底的に研究したパスツールには自信がありました。そしてある日、1人の少年が狂犬病の治療を受けにパスツールのもとを訪れ、ワクチン接種による効果が認められたことから、世界中にその功績を認められるようになったのです。

準備をしなくても、運がいいことがあります。
どんなに準備をしても、運が悪いこともあります。
ただ、次のチャンスは間違いなく、
「準備をせずに成功した人」ではなく、
「準備をして失敗した人」にやってきます。

世界が変わると信じていれば、
自分がその一端を担えると
信じるのは
ごく自然なことだ。

ジェフ・ベゾス

1964-
アメリカの実業家、アマゾンドットコムの創業者

大学時代から起業をめざす

ベゾスは、小さいころからものづくりが大好きで、大学ではコンピューターサイエンスと電気工学を学びます。彼はそのときすでに、起業することを目指していました。

世界最大のインターネット小売店を夢に

いち早くインターネットとウェブの可能性に気づいたベゾスは1994年、アマゾンドットコムを創業します。まだ出版関係者が「インターネットで本を売ること」をよくわかっていなかった時代に、彼が考えたサービスは画期的なものでした。その後、ITバブルの崩壊によって数々の企業が消え去り、アマゾンも株価が急落。経営方針が批判を浴びることもありましたが、その危機を乗り越え、創業わずか20年ほどで「インターネットビジネスの覇者」となったのです。ベゾスが驚くほどの短期間で偉業を成し遂げた最大の理由は、若き日に抱いた「世界最大のインターネット小売店をつくりたい」という思いの強さがあったからでしょう。

ベゾスはこんな言葉も残しています。
「楽な人生を選択するか、それとも人の役に立ち、
冒険心にあふれた人生を選択するか?」
目の前の遊びを楽しむか、夢を追う楽しみをとるか。
正解はありませんが、どちらもあなたの人生です。

世の中の人は
何とも言わば言え。
我なすことは
我のみぞ知る。

坂本龍馬

1835-1867
幕末の志士

勝海舟を訪ね、その場で弟子に

　土佐藩で育った龍馬は、剣術の腕をみがくために出向いた江戸で、初めて外国船を見て圧倒されます。当時、幕府を倒そうとする攘夷派と、幕府を支持する佐幕派が対立していました。攘夷派である土佐勤王党に協力していた龍馬は、話を聞くために幕府の役人・勝海舟を訪ねます。そこで海舟の「外国の侵略を防ぐには、大きな海軍をつくることが必要である」という意見に賛同し、その場で弟子になります。

考えを進化させ、日本の近代化に尽くす

　あるとき、仲間から流行りの刀を見せられた龍馬は、「いまの時代に刀はいらない」と笑ってピストルを見せました。しかし、次に仲間と会ったときは、「これからは学問だ！古今東西の歴史に学びたまえ」と語り、またあるときは、当時の国際法の訳語である万国公法を読むことを仲間に勧め……一見、龍馬は考えがコロコロ変わる人にも見えます。しかし、彼は時代に合わせて自分の考えを進化させていたのです。そんな龍馬だからこそ、まわりの人の知恵を借りて、のちの明治政府の方針にも影響を与える「船中八策」を記すことができたのでしょう。

年齢を重ね、経験が増えると、信念が生まれます。
そして、どんなときも「自分の信念が正しい理由」を
探すようになり、そこで停滞してしまうのです。
もしあなたが「変わること」を信念にすれば、
まわりになんと言われようと、いつまでも進化できます。

人間はみずから
つくるところのもの以外の
何ものでもない。

ジャン・ポール・サルトル

1905-1980
フランスの哲学者・作家

「実存は本質に先立つ」を提唱

20世紀を代表する「知の巨人」として知られるサルトルは、実存主義者でした。「実存は本質に先立つ」。これは彼の有名な言葉で、サルトルの考えを一番分かりやすく表した言葉です。

幸福も不幸も、原因の大半は自分自身

サルトルは、「最初から本質を限定された存在とは違い、人間は生まれながらにしてなんの本質も持っていない」と考えました。すべては自分自身がつくり出した自由であり、生き方。それゆえに「人生が幸福でも不幸でも、その原因の大半はあなたにある」と唱えたのです。そんな彼自身は、お金も物も最低限しか持たない生活を貫きます。そして、ノーベル賞を辞退したり、ベトナム戦争反対運動に参加するなど、自由な言論人として生きたのです。

人間には、だれにも思い込みがあります。
その中で一番やっかいなのは、
「物事の原因はまわりに左右される」
と勝手に思い込んでしまうこと。
それは結局、まわりに自分の人生を
委ねているのと同じことなのです。

彼を知りて己を知れば、
百戦してあやうからず。

孫武

紀元前500年ごろ
中国の軍事思想家

軍師・孫武らが書いた『孫子の兵法』

　中国最古の兵法書『孫子』は、春秋戦国時代の軍師・孫武らによって書かれたと言われています。「計篇」「作戦篇」「謀攻篇」など13篇からなり、戦う前の準備、敵の隙をどうつくか、スパイの方法などを竹に記した書物です。

武田信玄、ビル・ゲイツにも影響

　この名言も『孫子の兵法』にある言葉で、さらにこんなつづきがあります。「彼を知らずして己を知れば、一生一負す。彼を知らず己を知らざれば、戦うごとに必ずあやうし」。これは、「相手と自分を知っていれば、何回戦っても負ける心配はない。相手のことを知らずに自分のことを知っていれば、勝敗は五分。相手のことも自分のことも知らなければ、必ず負けるだろう」という意味です。ほかにも数々の教訓が記されている『孫子の兵法』は、三国志に登場する軍師・諸葛孔明だけでなく、武田信玄、徳川家康、ナポレオン、さらにはマイクロソフト創業者のビル・ゲイツなども参考にしたと言われ、「東洋最高の兵法書」とも呼ばれています。

自分が何をやりたいのか。
まわりから何を求められているのか。
両方を踏まえて行動しましょう。
「やりたいこと」＝「求められていること」に近づくことが、
あなたにとって一番の幸せかもしれません。

「適度によいもの」で諦めず、
「すばらしくよいもの」を
追求しよう。

ジョン・ロックフェラー

1839-1937
アメリカの実業家・慈善家、スタンダードオイル社創設者

若いころから、具体的な2つの夢を描く

ロックフェラーは、貧しい家庭の6人兄弟の2番目の子として生まれました。彼は若いころ、「10万ドル（いまの約300万ドル）を稼ぐ」「100歳まで生きる」という2つの夢を抱いたそうです。19歳で独立したロックフェラーは、事業を広げ、友人と製油所を設立します。

進化をつづけ、世界的な大富豪に

その後、スタンダードオイル社をスタート。最盛期には、アメリカ国内の石油産業の9割を占めるほどの大成功を収めたのです。そして、アメリカ人初のビリオネア（10億ドルを超える資産家）となってからも資産を増やしつづけ、「史上最大の資産を築いた実業家」とも言われています。製油所が焼けてしまったり、徹底的に独占しようとする姿勢が批判されるなどの経験をした彼は、こんな言葉も残しています。「ゴールにたどり着く唯一の道は、絶えず進みつづけることにある」。その言葉通り、彼は自分の思う道を歩きつづけ、酒やタバコに手を出さず、97歳で亡くなるまでに若き日の夢を1つは大きく超え、1つはほぼ叶えたのです。

人は最初に大きな目標を掲げていても、
たいていつづけているうちに、
ちょうどいい落とし所を見つけてしまします。
心から喜べる「大成功」の最大の敵は、
「これでいいか」と思う「小成功」なのです。

明日に延ばしてもいいのは、
やり残して死んでも、
構わないことだけだ。

パブロ・ピカソ

1881-1973
スペインの画家

幼い頃から天才的な画力を発揮

ピカソは幼いころから、芸術家の父が大好きでした。学校に行くことを拒み、絵ばかりを描く毎日。しかし、美術学校に通い出したころから、まわりも彼の絵の才能に気づきはじめます。その画力は、芸術家である父がピカソの絵を見て、絵を描くのをやめたと言われるほどでした。

91歳の生涯で10万点もの作品を創作

ピカソは美術学校時代から、絵のうまさはもちろん、描く速さにも定評がありました。勉強にはまったく興味を示さないのに、展覧会にはたくさん作品を出品。画家になってからも、画風をどんどん変えながら作品を量産し、その変貌ぶりから「カメレオン」と呼ばれることもありました。絵だけでなく陶器も積極的につくり、1947年から1948年の間に2000点以上を制作。91歳で亡くなるまでに、油絵、版画、陶器など10万点以上の作品をつくり、手元に遺していた7万点ほどの作品と遺産の評価額は、日本円で7500億円にもなったそうです。

大きな仕事を成し遂げる人は、
具体的な行動を先延ばしにしません。
「明日やろう」と思うことはたいてい、
今日やるべきことなのです。
「量より質」と言う人もいますが、
圧倒的な「量」の中から「質」は生まれます。
「すぐやる」「量をこなす」が、豊かさを引き寄せるのです。

他人のためになる
仕事以外は、
一切やめよう。

アンドリュー・カーネギー

1835-1919
アメリカの実業家

13歳から織物工場で下働き

「鉄鋼王」として知られるカーネギーは、本や芝居、音楽が好きな少年でした。家が貧しかったため、織物職人の親を手伝いながら学校に通い、13歳からは織物工場で働き出します。

巨万の富を慈善活動に注ぐ

カーネギーは30歳のころ、機関車製造所をつくります。33歳の日記には、「余分な儲けは社会の福祉事業に使おう」と記し、他人の幸せを意識しはじめます。それから事業を次々と成功させ、46歳のころに「カーネギー兄弟会社（鉄鋼会社）」を設立。一時はアメリカの鉄鋼の半分以上を生産しました。巨万の富を得たカーネギーはその後、日記の言葉通り福祉事業をスタート。ニューヨークの有名な音楽堂「カーネギー・ホール」をはじめ、各地に図書館や音楽堂などを寄付します。少年時代に好きだった文化的な娯楽の楽しさを、より多くの人と分かち合えるようにしたのです。

誰かを使って得をしようと考えている人。
誰かの役に立つことを「喜び」と考えている人。
どちらに「協力したい」と思いますか？
「誰かの幸せ」が「自分の喜び」である人は、
協力者が増え、自分も他人も幸せにすることができます。

お前の道を進め。
人には勝手なことを
言わせておけ。

ダンテ・アリギエーリ

1265-1321
イタリアの詩人

初恋相手への思いを物語に昇華

　「ルネサンス文学の先駆け」と呼ばれるダンテは、フィレンツェに生まれました。彼は9歳のとき、1歳年下のベアトリーチェに恋をします。その後、ボローニャ大学の学生となった18歳のころ、再び彼女と再会。しかし数年後、ベアトリーチェは病死してしまいます。悲しみに暮れたダンテは彼女への思いを、歌物語『新生』に書きつづりました。

亡命生活の中で、『神曲』を完成

　当時、フィレンツェでは、教皇派と皇帝派が対立していました。皇帝派の一員として市政に関与していたダンテは、教皇派によってフィレンツェから永久追放されてしまいます。その後、仲間割れする皇帝派と決別。政治活動をやめ、亡命をつづけながら作品づくりに専念するようになったのです。長編叙事詩『神曲』は、このころから書きはじめたもの。十数年かけて完成したこの傑作にも、ベアトリアーチェが天国の案内役として登場します。ダンテは、生涯彼女を思いつづけていたのです。変化する時代の波からダンテを救ったのは、彼女への変わらぬ愛だったのかもしれません。

他の人の言葉が気になって、自分の意見に自信が持てない。
そんなときは、自分の目標に集中してみましょう。
他者の言葉によって生まれた不安感は
単なる「気のせい」だったと気づくはずです。

あきらめない
夢は叶う

夢をあきらめてしまう最大の原因は、「不安」です。

大きな問題や不運が訪れたとき、
人は自分の能力や可能性を信じられなくなり、
夢を断念してしまうのです。

しかし、失敗せずに成功した偉人はいません。

どんなに失敗を重ねても、不運に見舞われても、
彼らは「まだ道の途中」だと考え、
状況に合わせて自分を変えることで、
夢への歩みを止めませんでした。

つまり、偉人と一般の人の大きな違いは、
「つづけたか」「あきらめたか」の差なのです。

人間だけが
不可能なことを
なし得る。

J・W・V・ゲーテ

1749-1832
ドイツの詩人・劇作家・小説家

25歳で『若きウェルテルの悩み』が大ヒット

ゲーテは、フランクフルトの裕福な家庭に生まれました。彼はライプツィヒ大学で法律を学び、弁護士となります。作家として世に知られるようになったのは、25歳のとき。みずからの失恋の体験を書いた『若きウェルテルの悩み』が大ヒットしたのです。

60年弱の歳月をかけて『ファウスト』を執筆

ゲーテはその後、政治家としてワイマール公国に招かれるなど、世の現実と向き合います。そんな彼が人生のすべてを注いだのが、代表作『ファウスト』です。主人公のファウスト博士が真実を得るために悪魔と契約し、さまざまな苦難を経て、最後は神に救われる姿を描いたこの戯曲。ゲーテはこれを20代から考えはじめ、なんと約60年もの歳月をかけて書いたそうです。1831年に完成すると、その翌年にゲーテは永眠。「不可能を欲する人間を私は愛する」など、この大作に残る数々の名言は、その完成を信じてやまなかった彼自身の信念なのでしょう。

不満や悩みがあるときは、「いま見えるもの」ではなく、「これから見たいもの」に意識を向けてみましょう。
ゲーテもこう言っています。
「自分自身を信じてみるだけでいい。
きっと、生きる道が見えてくる」。

私たちの最大の弱点は
あきらめることにある。
成功する最も確実な方法は、
常にもう一度だけ試してみることだ。

トーマス・エジソン

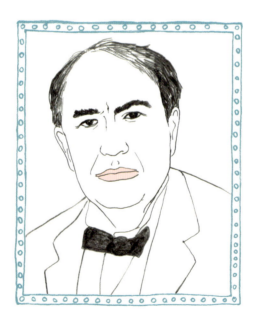

1847-1931
アメリカの発明家・起業家

小学校を退学し、母を先生代わりに学ぶ

　幼いころのエジソンは、「なぜ?」「どうして?」が口ぐせでした。小学生になると、先生を質問攻めにして「問題児」となり、3か月で小学校を退学させられてしまいます。そんな彼の先生となったのは、教師経験のある母でした。母の教えや本を読むことで、実験が大好きな少年へと成長していきます。

妥協しない研究で「発明王」に

　生涯で1300種以上の特許を取り、「発明王」と呼ばれるエジソンは、答えを出すために決して妥協をしませんでした。白熱電球を発明する際は、電気を流すフィラメントの素材として、植物だけでも6000種近く試し、2か月以内に終わると思われていた実験は、約1年半にも及んだそうです。また、研究所では「10日ごとに小さな発明、6か月ごとに大きな発明」というノルマを持ち、常に未来の目標を掲げていたと言われます。84歳で彼が亡くなったときは、その功績を讃え、アメリカ中が電気を消して1分間の黙祷が捧げられました。

多くの成功者が「つづけることの大切さ」を口にしています。
一度、本気でそれを信じてつづけてみるのはどうでしょうか。
疑う気持ちを捨て、成功者のように挑戦をつづければ、
同じエネルギーを持った人や物が自然と集まり、
確実に前へ進んでいることを実感できるはずです。

やろうと思えば、
人間たいていのことができる。

本田宗一郎

1906-1991
本田技研工業創業者

「働きたい」と自動車修理工場に手紙

　勉強嫌いで、いたずら好きだった本田。静岡県の貧しい鍛冶職人の息子として生まれた彼は、両親にのびのびと育てられ、やがて機械が大好きな少年へと成長します。本田の人生は、「やりたい」を形にする連続でした。ある日、彼は東京の自動車修理工場の広告を目にします。すると、求人広告ではないのに「働きたい」という依頼の手紙を送り、見事に採用されたのです。

世界のHONDAをつくる

　15歳の春から働きはじめた本田が、最初に任されたのは社長の子どもの子守。しかし彼は腐らず、「修理工になる」という一心で、先輩の仕事や本を見てスキルを磨きつづけます。するとその年の冬、社長から「修理を手伝って」と言われると、器用な腕前を見せ、修理工として認められたのです。その後、独立した本田は、海外進出、F1参戦など、常にチャレンジをつづけます。その裏には社員の反対、経営危機、第二次世界大戦など数々の困難がありましたが、「やりたい」を原動力に乗り越え、65歳で引退。その後も本田技研工業は成長をつづけ、82歳のときに本田はアジア人で初めてのアメリカの自動車殿堂入りを果たすのです。

「成功者」と言われる人は、
「成功しつづけた人」ではありません。
やりたいことを見つけてすぐに動き出し、
チャンスが来なければ引き寄せるまで努力を怠らない、
「挑戦しつづけた人」なのです。

やってみなはれ、
やらなわからしまへんで。

鳥井信治郎

1879-1962
サントリー創業者

21歳で鳥井商店を開業

　鳥井は大阪の両替商の家に生まれました。13歳で問屋に奉公に出て、ウイスキーなどの洋酒を知った彼は、21歳で鳥井商店を開店。ぶどう酒の製造販売をスタートします。

ヒット商品を連発し、大躍進

　「日本の洋酒文化を切り拓きたい」。洋酒が日本人に広く受け入れられていなかった時代に、鳥井はそんな志を抱いていました。彼が1907年に発売した「赤玉ポートワイン」は、個性的なネーミングや広告効果もあって異例の大ヒットを記録。その後も次々とヒット商品を生み出し、サントリーは大企業へと躍進を遂げました。そんな鳥井は、社員に無理を言うこともしばしばあったそうです。たとえば「ポストに間違えて入れてしまった手紙を取り戻してほしい」という、一見常識外れな指示を社員に出し、郵便局まで行かせて手紙を取り戻させることに成功。このとき、社員を必死にさせた魔法の言葉が、鳥井の口ぐせでもある「やってみなはれ」だったのです。

「常識的に無理」「決まりだから無理」という判断は、
常識やルールの間違った使い方です。
それらは、あなたを守る味方であって、
あなたの可能性をつぶす敵ではありません。
何が常識か、非常識か。
まわりに惑わされず、あなた自身で決めるべきです。

私はあえて大きな夢を抱いた。
そしてその夢の実現に挑戦したのだ。
強い決意で夢に挑戦しつづけさえすれば、
だれでも自分の夢を実現でき、
そして飛躍できる。

ハワード・シュルツ

1953-
アメリカの実業家、スターバックスコーポレーションCEO

自分の能力を信じて大学進学

　シュルツはニューヨークの貧しい家庭に育ちました。そんな中でも、幼いころから自分の能力を信じるように教えられた彼は、シュルツ家で初の大学進学を果たすのです。

小さなコーヒー小売店を大企業に

　一流会社に勤めていたシュルツはある日、シアトルの小さなコーヒー小売り会社に心を奪われます。彼は、その会社の本物志向と情熱に将来性を感じ、「自分と同じようにファンになる人がたくさんいるはずだ」と考え、なんとその会社に転職を決断。それがスターバックスだったのです。その後、1987年に彼がCEO（最高経営責任者）に就任すると、6店舗しかなかった店は、わずか10年で1300店に拡大。従業員25000人以上の大企業となりました。シュルツが目指したのは、単なるコーヒー店ではなく、家庭や職場につぐ「第3の場所」「自分自身を再発見する場所」。彼のぶれない思いが、スターバックスを世界的企業に育て上げ、いまなお多くのファンを魅了しているのでしょう。

「夢が叶わない」とは、「夢を叶えなかった」ということ。
もし本気であなたがそれを願っていれば、
無意識のうちに夢につながる言葉や行動だけを選びます。
あとは、それを諦めずにつづけるかどうかなのです。

長い階段をのぼる時、その階段の全てが見えなくてもいいのです。大事なのは、目の前にある一段をのぼることです。

マーティン・ルーサー・キング・ジュニア

1929-1968
アメリカの牧師、公民権運動の指導者

理不尽さに耐えて懸命に勉強

「キング牧師」として知られるキング・ジュニア。白人と同じ学校に行くことを許されなかった彼ですが、その理不尽さに耐えて一生懸命勉強し、飛び級で2学年進むほど優秀な生徒となりました。

演説で、ケネディ大統領をも動かす

キング牧師が26歳のとき、市バスの中で黒人女性が白人に席をゆずらず、逮捕される事件が起きました。キング牧師は怒る黒人たちをなだめ、暴力の代わりにバスに乗らないよう呼びかけます。すると乗客が減って困った市は、バスの中での差別をなくす法律を制定したのです。また、彼は白人の暴力に対して、黒人たちが仕返しをすることを許しませんでした。差別反対の声がさらに高まった1963年、キング牧師は20万人もの人々を前に、長年の夢を語ります。「私には夢がある！いつの日か、奴隷の子孫たちと奴隷所有者の子孫たちが、いっしょのテーブルに座る日が来る夢が」。それはケネディ大統領を動かし、差別廃止の法律が議会に提出されました。その後、黒人の権利を保障する「公民権法」が定められたのです。

自分の将来や目標の話になったとき、
「○○をやりたい」と言う人は、星の数ほどいます。
でも、実際に「やる」人は、ほとんどいません。
「成功するかどうか」とは結局、
「やるかどうか」でもあるのです。

一つでも成功したかぎりは、
他の九十九にも
成功の可能性が
あるということではないか。

松下幸之助

1894-1989
実業家・発明家、松下電器創業者

9歳で丁稚奉公に

資産家の息子として生まれた松下でしたが、4歳のとき父が米相場で失敗。土地と家を失ったため、幸之助は9歳で小学校を中退し、大阪に丁稚奉公に出ることになります。

世界的企業を築いた「経営の神様」

大阪で開通した市電を見た松下は、「電気の時代がくる」と感じ、15歳で大阪電灯（現・関西電力）に就職。その後、独立してはじめたソケット販売がうまくいかず、質屋の助けを借りるほどの日々がつづきます。学歴も金もなく、健康の不安もあった松下でしたが、自分の未来を信じて疑いませんでした。するとある日、扇風機の部品づくりを依頼され、その評判がよかったことから注文がつづくようになったのです。やがて23歳で松下電気器具製作所を創業。革新的な商品のほか、当時では考えられなかった無料見本の配布や、松下自身が三日三晩考えてつくった新聞広告など、次々と新しいアイデアを成功させます。こうして彼は、わずか一代で世界的大企業を築き、「経営の神様」と呼ばれるまでになったのです。

大人になればなるほど、
最初にうまくいかないと、諦めやすくなるもの。
しかし、成功しつづける人はこう考えます。
「思い通りにいかないとき」は、
「ジャンプの前に屈んでいるとき」だと。

いつまでも諦めずに、
目標とビジョンを持って
歩きつづけよう。

ピーター・ドラッカー

1909-2005
オーストリアの経営学者

裕福な家庭で多感な少年時代を過ごす

　ウィーンの裕福な家庭に生まれたドラッカー。父は高級官僚かつ経済学者でもあったため、自宅で開くサロンには知識人が多く出入りしました。彼はそんな環境の中で、多感な少年時代を過ごします。

知の巨人を支えたヴェルディの言葉

　大学生になったドラッカーは週に1回、オペラを聴きに行っていました。彼はそこでヴェルディ作『ファルスタッフ』に圧倒され、衝撃を受けます。そしてヴェルディのことを調べるうちに、こんな言葉と出会ったのです。「いつも失敗してきた。だから、もう一度挑戦する必要があった」。ヴェルディが「制作が大変なオペラに、80歳のあなたがなぜ挑戦するのか？」という質問に対して答えたこの言葉を、ドラッカーは忘れることがありませんでした。そして、この先どんな仕事についても、この言葉を道しるべに生きようと決めたのです。彼はその後、数々のベストセラーを生み出し、90歳を過ぎても企業コンサルタントとして活躍。「現代経営学の父」「20世紀の知的巨人」として、世界中に知られるようになったのです。

「大事なのは答えでなく、問いである」。
ドラッカーは、こんな言葉も残しています。
問いが正しければ、答えを間違えても直せますが、
間違った問いに正しく答えても、間違いだからです。
つまり、人生も正しい目標やビジョンを持てば、
たとえ途中で道を間違えても、歩き直せるのです。

私の行いは
大河の一滴に過ぎない。
でも何もしなければ、
その一滴の水も生まれないのです。

マザー・テレサ

1910-1997
インドのカトリック修道女

高校卒業後、修道女に

「マザー・テレサ」として知られるアグネス・ゴンジャ・ボヤージュは、マケドニアで生まれました。敬虔なカトリック教徒の母に「恵まれない人に思いやりを持つように」と教えられて育った彼女は、高校卒業後、修道女となり「テレサ」という名前を授けられます。

すべての貧しい人々に生涯を捧げる

1929年、テレサは教師としてインドへ向かいます。しかし、生徒は裕福な家の少女たちで、学校は立派な建物。生活に苦しむスラムの人々を思うと、彼女は「このままでいいのか」と思い悩みます。そんなある日、彼女は神の声を聞いたのです。「貧しい人々に仕えなさい」と。テレサは普通なら2年かかると言われていた看護法の勉強を、わずか4か月で終えてスラムへ向かいます。そこで貧しい人々を救う活動をスタート。当初は彼女に疑いの目を向けていたスラムの人々も、テレサの懸命な姿にやがて心を許しはじめます。その後、生涯のすべてを貧しい人々のために捧げたテレサは、1979年にノーベル平和賞を受賞。87歳で亡くなったときには、インドで国葬が行われ、6万人もの人々が彼女を見送ったそうです。

テレサには、「嫌いな人に5回ほほえむ」
という習慣もあったそうです。
「嫌いだから」「どうせ無理だから」と思ったときは、
「好きかも」「できるかも」と無理にでも思い込むと、
人生の転機となる一歩を踏み出せるかもしれません。

よく生きるために、
自分を侮蔑しないためにも、
理想や夢を
決して捨ててはならない。

フリードリヒ・ヴィルヘルム・ニーチェ

1844-1900
ドイツの哲学者

25歳で大学の教授に抜擢

ニーチェは子どものころから「神童」と呼ばれるほど秀才で、25歳の若さでバーゼル大学の教授になります。その後、28歳で『悲劇の誕生』を発表しますが、知識人に受け入れられず、非難を浴びることになってしまいます。

どん底の日々から得た真理

体調不良もあり、大学教授を辞めたニーチェ。彼はある日、スイスの山奥を歩いていた途中に突如「永遠回帰」のインスピレーションを得ます。それは、「自分の人生が、まったく同じように何度も永遠にくり返される」という思想です。彼はその考えをもとに、41歳のときに『ツァラトゥストラ』を出版。その中に「ルサンチマン」という言葉が出てきます。「ルサンチマン」とは「恨み」「妬み」など、喜びを感じる力を弱くする感情のこと。どん底を味わったニーチェだからこそ発せられた魂の言葉でした。「ルサンチマン」を捨てようと制作に励み、葛藤しつづけた彼の哲学は、死後100年以上経ったいまでも議論の対象となり、人々の考えを深めつづけています。

「生きていることに、意味はあるのだろうか」。
という不安や疑問は、だれもが必ず抱くこと。
そんなときは、得意なことや、いい思い出、夢などを
頭に思い浮かべ、自分で自分の評価を上げてみましょう。
たとえ自分のことが嫌いでも、そんな自分を受け入れ、
愛することを決心すれば、「生きる意味」が見えてきます。

七転び八起き以上の
"九転び十起き"

広岡浅子

1849-1919
実業家・教育者

自ら炭鉱経営に乗り出す

浅子の実家である三井家は、日本屈指の資産家であったため、彼女の結婚相手は2歳ですでに決められていました。くやしさを噛みしめながらも家のために覚悟して嫁ぎ、熱心に勉学に励みます。やがて明治維新という大きな時代の流れの中、家業の両替商が経営不信に陥ると、浅子は炭鉱経営に乗り出します。

日本初の女子大学を設立

鉱山での監督作業は、護身用にピストルを忍ばせながら指揮をとるほど危険なものでした。その後も銀行設立など新しい分野に挑戦。当時の平均寿命は45歳ほどでしたが、彼女が総理大臣の伊藤博文や大隈重信などに呼びかけ、日本女子大学校を設立したのは52歳のとき。これは日本初の女子大で、みずからも5000円（現在の紙幣価値で約3000万円）を寄付しています。翌年には、実業家として関わっていた生命保険会社の三社合併に成功。一方で、ペンネームを「九転十起生」として執筆活動も行いました。71歳で亡くなるまで、浅子はこの言葉を座右の銘に人生を歩きつづけたのです。

「結果を出すこと」は、難しいことではありません。
「結果を出しつづけること」が、優れたことなのです。
そのために大切なのは、「失敗しなこと」ではなく、
「挑戦をやめないこと」。
大成功はいつも、小さな成功の積み重ねから生まれます。

希望は人を
成功に導く信仰です。
希望がなければ
何事も成就しません。

ヘレン・ケラー

1880-1968
アメリカの教育者・社会福祉活動家

1歳で視力と聴力を失う

　生後半年で言葉を話しはじめたヘレンでしたが、1歳7ヶ月で原因不明の高熱を出し、視力と聴力を失ってしまいます。それから両親やものに当たるようになり、手がつけられなくなってしまいました。そのころ、家庭教師のサリバン先生が家にやってきます。

必死の努力で名門女子大学へ入学

　サリバンがやって来てから、ヘレンは人生の暗闇から解放されました。サリバンはヘレンを抱きしめ、物を触らせ、手のひらに一文字ずつスペルを書き、「物には名前がある」ということを教えたのです。ヘレンは7歳、サリバンは21歳でした。2人はいつしか、ヘレンの大学入学という夢を抱きます。そして血のにじむような努力の結果、アメリカで最も難しいと言われる名門女子大学に優秀な成績で合格したのです。1904年の卒業式の際、サリバンに連れられたヘレンが卒業証書を受け取ると、拍手は鳴り止みませんでした。そして地元の新聞からは、「ヘレンの大学卒業はアメリカの教育史上最も素晴らしいできごと」と賞賛されたのです。

希望を持てない人＝ネガティブな人ではありません。
結果をすぐに求めてしまう人なのです。
ゴールに到着するまでは、結果が出ないのは当たり前。
「できる」「やれる」と徹底的に信じ抜いた人だけが、
欲しいものを手に入れられるのです。

一歩ずつ進んで行きさえすれば、
足腰が弱くても
万里の遠方まできっと行き着ける。

二宮尊徳

1787-1856
幕末期の政治家・思想家

必死に働いて、田畑を取り戻す

　尊徳は農家の家に生まれ、14歳で父を、16歳で母を亡くします。その後、親戚の家に預けられますが、20歳で生まれた家があった場所に戻り、必死に働いて質に入れていた田畑を地道に買い戻していきました。彼はその田畑を人に貸して地主・農園経営を行い、やがて小田原に出て武家奉公人となると、すぐれた才能と実行力でめきめきと頭角を現します。

600以上もの農村の立て直しに成功

　尊徳と言えば、1920年代後半から1940年にかけて全国の小学校に設置された「二宮金次郎像」が有名です。薪を運び、一休みして本を読み、また歩きながら本の内容を思い出して記憶する……貧しかった彼は、わざわざ勉強の時間をつくらなくてもいいように、働きながら勉強する工夫をしていたのです。そんな経験から尊徳は、「積小為大」という考え方を持つようになります。これは「小さな努力の積み重ねがやがて実を結ぶ」という意味。その信念があったからこそ、600以上の農村の立て直しに成功し、数多くの人々を飢えから救うことができたのでしょう。

「成功した」という体験を思い出してみましょう。
そのほとんどが、何度失敗しても諦めず、
ゴールにたどり着いたものではないでしょうか。
「成功」とは、自分を信じつづけること。
すべての課題や失敗は、成功に近づいている証です。

為せば成る
為さねば成らぬ何事も
成らぬのは人の
為さぬなりけり

上杉鷹山

1751-1822
米沢藩の大名

17歳で藩主となるも35歳で失脚

　17歳で米沢藩主となった鷹山は、赤字がつづく米沢藩の財政改革を進めます。食事や衣服を質素にし、奥女中は50人から9人へ削減。藩主の生活費を以前の7分の1に切り詰めました。また、みずから田を耕し、家来にも農業をすすめます。しかし、それが反発を招き、天明の大飢饉なども重なり財政は停滞。35歳で藩主の座を退くことになってしまったのです。

30万両以上あった米沢藩の借金返済に尽力

　鷹山に再びチャンスが訪れたのは41歳のとき。財政が悪化の一途をたどる米沢藩の改革に、もう一度立ち上がります。米沢藩が30万両以上の借金があることを藩士に公開した彼は、農民や町民、かつての反対派からの意見も広く取り入れました。そして、農民に生糸をつくらせ、藩士には絹織物を織らせる施策を実行し、税収増加に成功。奇跡的な復活をとげた米沢藩は、72歳で鷹山が亡くなった翌年、借金をほぼ返し終えたのです。

1回の失敗を恐れる人ほど、不満や悩みを抱えているもの。
逆に失敗の数が多い人ほど、案外明るく過ごしています。
行動し、失敗し、変化することで、
不満や悩みを少しずつ減らしているからです。

人間のもっとも優れたところは、
苦しみを乗り越えて
喜びをつかめるところです。

ルートヴィヒ・ヴァン・ベートーヴェン

1770-1827
ドイツの音楽家

17歳でモーツァルトから太鼓判

　ドイツのボンで生まれたベートーヴェン。彼は宮廷歌手の父の影響を受け、幼いころから音楽の才能を伸ばし、13歳で宮廷の副オルガン演奏者となりました。17歳のときには天才音楽家・モーツァルトから教えを受け、「世間を騒がす音楽家になるだろう」と太鼓判を押されたそうです。

聴力を失うも「第九」を作曲

　しかし、ベートーヴェンに最大の危機が訪れます。ピアニストとして人気のあった28歳ごろから、耳が聴こえなくなりはじめたのです。それは音楽家にとって、仕事ができなくなるのも同然。自殺を考えるほど苦しみつづけたベートーヴェンでしたが、1本の棒に活路を見出します。棒を口にくわえてピアノにあてると、振動が骨に伝わり、音がわかると知ったのです。再び生きる希望を見出したベートーヴェンは、「交響曲第3番(英雄)」「交響曲第5番(運命)」など、数々の傑作を生み出します。年末に演奏される曲として有名な「交響曲第9番(通称:第九)」を初披露した際は、観客の拍手が鳴り止まず、その様子を見た彼は、思わず涙したそうです。

「苦しいとき」とは、いまの自分の限界を知り、
新しい自分になる「チャンスのとき」。
途中で投げ出した人も、最後まで踏ん張った人も、
あとからそのときのことを振り返れば
「成長できるとき」だったと思うはずです。

大切なのは忍耐力と、
なにより自信を持つこと。人はみな、
なんらかの才能に恵まれているもの。
そして、その才能を花開かせるべきだと、
信じなくてはならないわ。

マリー・キュリー

1867-1934
ポーランドの物理学者

家庭教師をしながら家族を支える

「キュリー夫人」として世界的に有名なマリー・キュリーは、子どものころからとても優秀な生徒でした。10歳で特別に12歳のクラスに入り、そこでもトップの成績をとったマリー。しかし、裕福な家庭ではなかったため、マリーが家庭教師で稼いだお金が、医学部に行く姉の学費に使われることもありました。

ノーベル賞2度受賞という快挙

当時のポーランドでは、女性が大学に通うことが許されていなかったため、マリーは医者になった姉の助けを借りて、フランスの大学に入学します。その後、同じ大学で物理学を勉強していたピエールと結婚。物理学校の倉庫を借りて、夫と放射能の研究に没頭します。その結果、1898年、強い放射線を出す元素、ポロニウムとラジウムを発見したのです。1903年にはノーベル物理学賞を受賞。女性初のノーベル賞受賞者となります。夫が亡くなった後もマリーは研究をつづけ、純粋の金属ラジウムの分離に成功し、1911年にノーベル化学賞を受賞。世界初、2度のノーベル賞受賞者となったのです。

あなたは自分の長所や得意なことを、
すぐに言えるでしょうか。
自分の嫌な部分や苦手なことばかりを、
気にしてはいないでしょうか。
心の中で一番思っていることや、集中していることが、
あなたの未来に現れる、と覚えておきましょう。

自分に言って聞かせるのだ。
他人がやりとげたことは、
自分にも必ずできるはずだと。

サン・テグジュペリ

1900-1944
フランスの作家・パイロット

飛行機に魅了されパイロットに

　サン・テグジュペリは12歳のとき、初めて飛行機に乗せてもらったことで、その魅力の虜となります。やがてパイロットとなった彼は、世界各地を飛びまわりながら、作家としても活躍。『星の王子さま』『人間の土地』など、ヒット作を世に送り出しました。

砂漠から生還し『星の王子さま』を執筆

　「自分に言って聞かせるのだ。他人がやりとげたことは、自分にも必ずできるはずだと」という言葉は、サン・テグジュペリの親友・ギヨメが言ったもの。パイロットであったギヨメは、アンデス山脈横断の途中で遭難。雪の中で300mも滑落し、足が凍傷になりながらも歩きつづけ、1週間後に助けられたのです。サン・テグジュペリも、ギヨメが遭難した数年後に、長距離飛行記録に挑戦してリビア砂漠に墜落します。しかし、3日間灼熱の砂漠を歩きつづけ、遊牧民に救われ、奇跡の生還を遂げたのです。こうした経験をもとに『星の王子さま』が完成したのは、それから8年後のことでした。

成功した人の話を聞いても、
自分とは別世界だと思い込んでしまうもの。
しかし、成功者も最初は普通の人。
「もう無理だ」と多くの人が投げ出しそうなとき、
「もうすぐだ」と歩みを止めずに進みつづけることで、
初めて普通の人から成功者になるのです。

主な参考文献
※順不同

『キュリー夫人伝』エーヴ・キュリー 著　河野万里子 翻訳　白水社
『美酒一代―鳥井信治郎伝』 杉森久英 著　新潮社
『ガンジー自伝』ガンジー著　蝋山芳郎 翻訳　中央公論社
『ガンディーの言葉』マハトマ ガンディー 著　鳥居千代香 翻訳　岩波書店
『シャネル　人生を語る』ポール モラン著　山田登世子 翻訳　中央公論新社
『素顔のココシャネル』イザベル・フィメイエ 著　鳥取絹子 翻訳　河出書房新社
『二十世紀を変えた女たち』安達正勝 著　白水社
『天才たちのびっくり!? 子ども時代』ジャン・ベルナール・プイ、アンヌ・ブランシャール 著　木山美穂 翻訳 岩崎書店
『この人を見よ！歴史をつくった人びと伝1　本田宗一郎』ポプラ社
『この人を見よ！歴史をつくった人びと伝4　手塚治虫』ポプラ社
『この人を見よ！歴史をつくった人びと伝6　ヘレン・ケラー』ポプラ社
『この人を見よ！歴史をつくった人びと伝8　アインシュタイン』ポプラ社
『この人を見よ！歴史をつくった人びと伝9　マザー・テレサ』ポプラ社
『この人を見よ！歴史をつくった人びと伝10　オードリー・ヘップバーン』ポプラ社
『この人を見よ！歴史をつくった人びと伝14　坂本龍馬』ポプラ社
『この人を見よ！歴史をつくった人びと伝15　野口英世』ポプラ社
『この人を見よ！歴史をつくった人びと伝17　ベートーベン』ポプラ社
『この人を見よ！歴史をつくった人びと伝18　ナイチンゲール』ポプラ社
『この人を見よ！歴史をつくった人びと伝20　エジソン』ポプラ社
『藁のハンドル』ヘンリー・フォード著／竹村健一 翻訳　中央公論社
『サマセット・モーム全集　第26巻　作家の手帖』サマセット・モーム 著　中村佐喜子翻訳　新潮社
『モーム語録』行方昭夫 編　岩波書店
『モームの謎』行方昭夫　岩波書店
『英語で読みたいヘンリー・ソロー珠玉の名言』ヘンリー・ディヴィット・ソロー著　新井えり 編訳　IBCパブリッシング
『孤独の愉しみ方』ヘンリー・ディヴィット・ソロー著　服部千佳子 翻訳　イースト・プレス
『人間の土地』サン＝テグジュペリ著　堀口大學 翻訳　新潮社
『人を動かす　英語の名言』大内博、ジャネット大内 著　講談社インターナショナル
『チャップリン自伝』（上・下）チャールズ・チャップリン著　中野好夫 翻訳　新潮社
『富の福音』アンドリュー・カーネギー著　田中孝顕 監訳　きこ書房
『私のウォルマート商法』サム・ウォルトン著　渥美俊一、桜井多恵子監訳　講談社
『ユングと占星術』マギー・ハイド著　鏡リュウジ翻訳　青土社
『高橋是清自伝』（上・下）高橋是清 著　上塚司 編　中央公論社
『ナポレオン言行録』 オクターヴ・オブリ編　大塚幸男 翻訳　岩波書店
『英語で読みたいヘンリー・ソロー珠玉の名言』ヘンリー・D. ソロー著／新井えり 翻訳
『ビル・ゲイツ立ち止まったらおしまいだ！』ジャネット・ロウ著　中川美和子 翻訳　ダイヤモンド社
『思考スピードの経営』ビル・ゲイツ著　大原進 著　日本経済新聞社
『ロックフェラー　お金の教え』ジョン・D・ロックフェラー 著　中島早苗 翻訳　サンマーク出版
『引き寄せの法則』マイケル・J・ロオジエ 著　石井裕之監修　講談社
『ウォーレン・バフェット　成功の名語録』桑原晃弥 著　PHP研究所
『神曲』（上・中・下）ダンテ 著　山川 丙三郎 翻訳　岩波書店

『ダンテ』マリーナ マリエッティ 著　藤谷道夫 翻訳　白水社
『孫子』金谷治 訳注　岩波書店
『龍馬の言葉』坂本優二 著　ディスカヴァー・トゥエンティワン
『「原因」と「結果」の法則』ジェームズ・アレン著　坂本貢一 翻訳　サンマーク出版
『パスツール伝』ヴァレリー・ラド 著　桶谷繁雄 翻訳　白水社
『ジェフ・ベゾスはこうして世界の消費を一変させた ネットビジネス覇者の言葉』桑原晃弥 著　PHP研究所
『キング牧師の力づよいことば』ドリーン・ラパポート著、ブライアン・コリアー 絵
『アガサ・クリスティー自伝』(上・下)アガサ・クリスティー著　乾信一郎 翻訳　早川書房
『サッチャー　私の半生』(上・下)マーガレット サッチャー著／石塚雅彦 翻訳　日本経済新聞社
『スターバックス成功物語』ハワード・シュルツ、ドリー・ジョーンズ・ヤング著　大幡照雄、大川修二 翻訳　日経BP社
『あなたの潜在能力を引き出す20の原則と54の名言』ジャック・キャンフィールド、ケント・ヒーリー著　弓場隆 翻訳　ディスカヴァー・トゥエンティワン
『仕事の哲学(ドラッカー名言集)』P・F・ドラッカー 著　上田惇生 翻訳　ダイヤモンド社
『プロフェッショナルの条件』P・F・ドラッカー 著、上田惇生 翻訳　ダイヤモンド社
『アルフレッド・アドラー 人生に革命が起きる100の言葉』小倉広 著　ダイヤモンド社
『アドラー心理学入門』岸見一郎 著　ベストセラーズ
『ヘッセの言葉(人生の知恵)』前田敬作、岩橋保 訳編　彌生書房
『ベーコン随想集』フランシス・ベーコン 著　渡辺義雄 翻訳　岩波書店
『スティーブ・ジョブズ』(Ⅰ・Ⅱ)ウォルター・アイザックソン 著　井口耕二 翻訳
『スティーブ・ジョブズ名語録』桑原晃弥 著　PHP研究所
『ピカソ』瀬木慎一 著　集英社
『道をひらく』松下幸之助 著　PHP研究所
『二宮金次郎の言葉』清水将大 著　コアラブックス
『広岡浅子のすべて』日経ビジネスアソシエ編　日経BP社
『わが半生』W・チャーチル 著　中村祐吉 翻訳　中央公論新社
『引き寄せの法則』マイケル.J.ロオジエ 著　石井裕之 翻訳
『ノーベル賞がわかる事典』土肥義治 著　PHP研究所
『21世紀こども人物館』荒俣宏・高木昭作 著　小学館
『レオナルド・ダヴィンチ』ジョン フィリップス 著　大岡亜紀、小野田 和子 翻訳　BL出版
『総合百科事典ポプラディア』新訂版　ポプラ社
『人物20世紀』樺山紘一、斎藤精一郎 他著　講談社
『二宮金次郎(おもしろくてやくにたつ子どもの伝記)18』木暮正夫 著　ポプラ社
『天才の日記』 サルバドル・ダリ 著　東野芳明 翻訳 二見書房
『マドンナのアメリカ』井上一馬 著　PHP研究所
『上杉鷹山と米沢』小関悠一郎 著　吉川弘文館
『未来は言葉でつくられる』細田高広 著　ダイヤモンド社
『アガサ・クリスティー 99の謎』早川書房編集部編　早川書房
『ザ・シークレット』 ロンダ・バーン 著　山川紘矢、山川亜希子、佐野美代子 翻訳
『確実に金持ちになる「引き寄せの法則」』ウォルス・ワトルズ 著　川島和正監訳　三笠書房
『「起こること」にすべて意味がある』ジェームズ・アレン 著　「引き寄せの法則」研究会 翻訳　三笠書房
『生きる力がわいてくる　名言・座右の銘1500』インパクト 編　永岡書店
『必ず出会える!人生を変える言葉2000』西東社編集部 編　西東社
『名言の森　心に響く千人千句』晴山陽一 編著　東京堂出版
『賢人たちに学ぶ 道をひらく言葉』本田季伸 著　かんき出版
『人生の道標になる 座右の銘』リベラル社 編　リベラル社
『思考は現実化する』ナポレオン・ヒル 著　田中孝顕 翻訳　きこ書房
『思考は現実化する あきらめなかった人々』デニス・キンブロ、ナポレオン・ヒル 著　田中孝顕 翻訳　きこ書房

成功者が残した引き寄せの言葉
夢を叶えた偉人 64 名の生き方、考え方、引き寄せ方

2017 年 3 月 7 日　初版第 1 刷発行

文	森山晋平（ひらり舎）
イラスト	中村千春
装丁	松村大輔（PIE Graphics）
校正	鷗来堂
協力	土屋恵美
編集	関田理恵

発行人　三芳寛要

発行元　株式会社 パイ インターナショナル
　　　　〒170-0005　東京都豊島区南大塚 2-32-4
　　　　TEL 03-3944-3981　FAX 03-5395-4830
　　　　sales@pie.co.jp

印刷・製本　株式会社シナノ

© 2017 Hirari-Sha/Chiharu Nakamura/PIE International
ISBN978-4-7562-4867-1　C0011
Printed in Japan

本書の収録内容の無断転載・複写・複製等を禁じます。
ご注文、乱丁・落丁本の交換等に関するお問い合わせは、小社までご連絡ください。
本書に掲載されている情報は、丰に 2017 年 2 月までに集められた情報に基づいて編集しておりますので、出版までに変更されている場合がございます。
また、掲載情報につきましては諸説ある場合がございますので、あらかじめご了承ください。